청년은 오늘도
첼로를 연주합니다

꿈꿀자유 함께 사는 이야기 ❸ 시청각장애

시청각장애인 박관찬의 삶과 도전

청년은 오늘도 첼로를 연주합니다

박관찬 지음

꿈꿀자유

· 목차 ·

프롤로그 8

*
내 이름은 박관찬입니다

시청각장애인이 되다 12

밥반찬 아니고 박관찬 16

이만큼만 보여요 18

기억 속 그 소리들 21

안 보고 안 들려서 생기는 일 25

꼭 말이 아니어도 소통할 수 있다 29

*
학교의 기억

1번은 괴로워 34

떡볶이를 만들다가 39

성적 때문에 뺨을 맞다 44

공부 잘 하는 애들과 한 반이 되었지만 48

기억하고 싶지 않은 학교폭력 52

과학실엔 아무도 없다 57

*

이 어둠의 터널 끝에 빛이 있을까

질문에 대답하기는 어려워요 64

평생 기억될 데뷔골 68

룸메이트 73

사방이 캄캄했던 수험 생활 77

달팽이 날다 82

*

청년은 오늘도 첼로를 연주합니다

첼로를 배우고 싶다 90

첫 번째 레슨 95

악기 소리가 시끄러워요 100

나의 앤 설리번, 김영아 선생님 105

국회에서 연주하다 110

사람들의 반응이 궁금하다 114

첼로 연주의 터닝포인트 118

첼리스트로 가는 길, 첫 연주회 123

스승의 은혜는 하늘 같아서

손들어! 130

읽고 또 읽는 선생님의 메일 136

이번에는 진짜 상 받는다 141

나쁜 습관을 버리려면 145

첼로 줄이 풀리는 바람에 149

무대에서 펑펑 울던 날 154

인터미션 159

시청각장애인 박관찬의 삶과 도전을 보여주는 사진들

기자였다가 연구원이었다가

프리랜서로 세상에 뛰어들다 178

사랑했던 직업, 기자 184

장애 감수성을 지닌 분들 190

치고 들어가기는 어려워 196

세 번 도전 끝에 연구원이 되다 200

참 좋은 인연 205

연구하다 힘들면 버스 잘못 타고 에버랜드 한번 다녀오세요 210

✷ 시청각장애가 뭐냐고요?

나만의 세계, 영영칠과 밥 218

축구공이 안 보인다 222

상처 줄 마음은 없었는데 226

나는 동대구로 가야 해요 230

번호를 보려는데 버스는 떠나네 235

나도 내 목소리를 모른다 239

두 명이면 충분한 내 친구 245

✷ 이상한 제도들

누구를 위한 편의제공인가 252

시청각장애는 안 된다 257

의사진단서는 왜 시험 전에 제출하나요? 260

혼자 이용하기 어려운 장애인콜택시 264

장애인을 위한 본인인증은 없다 269

에필로그 273

감사의 말 276

프롤로그

어릴 때부터 책 읽기를 좋아했다. 오랜만에 친척 집에 놀러가도 사촌들과 어울리기보다 책꽂이에서 책을 꺼내 읽었다. 학교에서 쉬는 시간에도 선생님이 좀 나가서 놀라고 할 정도였다. 책을 읽는 게 마냥 좋았다.

다섯 살 때는 미술학원, 여섯 살 때는 유치원과 속셈학원을 다녔다. 그때까지 의사소통에 큰 문제는 없었던 걸로 기억한다. 또래들과도 잘 어울렸다. "관찬아, 선생님한테 뽀뽀해야지!"라고 하던 미술학원 선생님의 목소리, "관차이~"라고 부르던 할머니의 목소리도 또렷하다. 집에서 전화기가 울리면 엄마보다 먼저 쪼르르 달려가 받곤 했다.

일곱 살 때 학원 차량을 타고 집에 오던 중 작은 사고가 났다. 차가 후진하다가 벽을 들이받았다. 아이들 몇몇은 코피가 났다. 난 앉아 있다가 충격으로 앞좌석 등받이에 살짝 머리를 부딪쳤다. 장애가 생기기 전 내가 기억하는 유일한 사고다. 부모님도, 병원에서도 그 사고가 장애의 원인은 아니라고 했다. 다른 사고를 당하거나 병을 앓은 것도 아닌데, 여덟 살에 갑자기 장애가 생겼다. 갈릴레이가 "현상에는 반드시 이유가 있다"라고 했다지만, 내 장애의 이유는 아직 밝혀지지 않았다. 시신경위축이라는 병명만 존재할 뿐이다.

어느 날 갑자기 시청각장애인이 되었다. 어릴 때 헬렌 켈러 전기를 즐겨 읽었지만, 내가 그런 장애를 갖게 될 줄 상상이나 했을까? 헬렌 켈러는 전혀 보지도 듣지도 못했고 언어 장애도 있었다. 난 조금 보이면서도 잘 안 보이고, 조금 들리는 것 같으면서도 안 들린다. 말도 할 수 있으니 헬렌 켈러보다 사정이 나은 셈이다. 나중에 장애학을 공부하고 관련 직업을 갖게 되면서 원인을 모른 채 갑자기 장애가 생기는 경우도 있다는 걸 알게 되었다. 사고나 질병 때문일 수도 있지만, 밝혀지지 않은 원인으로 인해 장애인이 될 수도 있다. 한 가지도 아닌 두 가지 장애를 동시에 가질 수도 있다.

  초등학교에 입학하고 어느 순간부터 갑자기 잘 안 보이고 잘 안 들렸다. 그게 전부다. 스스로 '시청각장애'라고 부르지만, 이는 장애인복지법에서 규정한 15가지의 장애유형에 들어있지 않다. 그래서 많은 사람이 시청각장애를 하나의 장애가 아니라, 시각장애와 청각장애가 더해진 '중복' 장애로 생각한다. 하지만 미국에서는 'Deaf-Blind'라고 하여 독립된 장애 유형으로 분류한다.

  돌아보면 비장애인 때의 기억이 남아 있지만, 장애인으로 살아온 시간이 훨씬 길다. 제대로 보지도, 듣지도 못한 채 거의 30년을 살았다. 치료하겠다는 목표도, 비장애인이 되겠다는 바람도 없다. 내 장애는 오래 전에 정체성이 되었다. 나는 시청각장애인이다.

내 이름은 박관찬입니다

시청각장애인이
되다

    비장애인으로 태어났지만 초등학교에 입학할 즈음 알 수 없는 원인으로 시신경위축이 왔다. 저시력으로 인한 시각장애가 먼저 생겼고, 곧이어 청각장애도 따라왔다. 처음에는 크게 불편하지 않았지만 시간이 흐를수록 조금씩 더 나빠졌다.

    눈은 저시력이다. 시력이 남아 있기에 보행은 물론 달리기도 가능하다. 마라톤 하프코스를 혼자 완주한 적도 있다. 하지만 글자는 읽기 어렵고, 비슷한 색깔을 구분하지 못한다. 또 어느 정도 떨어져 있는 사람의 이목구비를 선명하게 보지 못하기 때문에 누가 누구인지 몰라 난감할 때가 있다.

    처음에는 빨강, 와인, 분홍처럼 비슷한 계열의 색깔만 구분하지 못하는 줄 알았다. 어느 날 지인과 내가 입고 있던 니트 색깔에 대해 이야기를 나누다 큰 충격을 받았다. 2년 넘게 베이지색으로 알고 입었던 그 옷의 색깔은 베이지가 아니라 분홍이었다. 그가 말해주지 않았다면 평생 베이지색으로 알았을지도 모른다. 또 다른 셔츠도 한동안 초록색인 줄 알았는데 사실은 갈색이었다. 이쯤 되면 비슷한 색깔을 구분하기 어려운 정도가 아니라 색깔을 잘 보지 못한다고 해야 할까? 그렇다고 아주 안 보이는 건 아니다.

가장 불편한 것은 계단과 턱이다. 올라가는 계단은 그런대로 괜찮은데, 내려가는 계단은 시작되는 지점을 찾기 어려워 위험한 상황에 처할 수 있다. 그래서 시작 지점을 확실히 표시해 둔 계단을 선호한다. 아무런 표시도 없고 계단 색깔마저 주변과 같으면 시작 지점은 고사하고 계단이 있는지조차 모른다. 턱처럼 갑자기 나타난 장애물이나 조형물을 보지 못해 가던 속도 그대로 부딪치고 만다. 평평하지 않고 울퉁불퉁하게 디자인된 길을 걸을 때는 발이 울퉁불퉁한 틈에 빠져서 중심을 잃기도 한다. 그렇게 넘어져 발목 인대가 늘어난 적이 한두 번이 아니다. 심할 때는 며칠씩 깁스를 하고 다녔다.

귀는 분명 내 귀인데도 설명하기가 너무 어렵다. 어느 정도 들리는지, 얼마나 들을 수 있는지 정확히 표현할 수 없다. 분명한 사실은 점점 들리지 않게 되었다는 것뿐이다. 예전에 들었던 기억과 경험은 있지만, 시간이 지나 그저 추억이 되었을 뿐 지금은 들리지 않는다. 어렸을 때는 그래도 크게 말하면 알아들었다. TV에서 애니메이션이나 드라마, 가요 프로그램도 즐겨 봤다. 노래나 대사를 전부는 아니지만 드문드문 들을 수 있었고, 잔존시력으로 볼 수도 있었기 때문에 큰 어려움은 없었다.

병원을 다니기 시작했을 때, 이비인후과에서 청력 검사를 받았다. 데시벨(dB)을 측정하기 위해 작은 방음실에 들어가 이어폰처럼 생긴 걸 머리에 쓰고 버튼이 달린 기구를 받았다. 양쪽 귀에서 크고 작은 소리가 날 때마다 손에 쥔 기구의 버튼을 누르는 검사였다. 처음에는 크고 작은 소리를 구분하는 데 어려움이 없었다. 그래서 듣는 건 문제없다고 생각했다. 아니었다. 대학 때 친구들과 식사를 하고 기숙사로 돌아가는 길이었다. 좁은 길을 저만치 앞서 걷는데 뒤에서 오토바이가 달려오다 급정지했다. 그때까지 오토바이 소리는 물론, 뒤에 있던 일행이 "위험해!"라고 외치는 소리도 전혀 듣지 못했다. 아슬아슬한 상황인데도 소리를 못 들으니 태연히 걸어가더란다.

예전에는 주변에서 누군가 말하고 있음을 인지했다. 무슨 말을 할지 예상되는 경우에는 알아듣기도 했다. 대표적인 게 노래다. 젝스키스, 핑클, 김민종, 임창정, 조성모 등 좋아하는 가수가 앨범을 내면 꼭 구입했다. 속지에 적힌 가사가 너무 작아서 동생이 큰 글자로 적어준 가사를 보면서 노래를 들었다. 화려하고 반주 악기 소리가 많은 댄스곡은 가수가 어느 부분을 부르는지 듣기 어려웠다. 하지만 목소리 위주의 잔잔한 발라드곡은 잘 들렸다. 등하교 때, 기차나 버스를 탈 때 미니카세트를 가지고 다니며 노래를 들었다. 지금 듣는 게 무슨 곡인지, 어느 소절인지 집중하면서 그래도 아직은 들을 수 있다는 사실에 안도하곤 했다.

시청각장애가 있으니 보고 듣는 데 한계가 있다. 그래서 보고 들었던 기억과 경험이 참 소중하다. 어쩌면 비장애인이었을 때의 경험을 바탕으로 살아가는지도 모른다. 그 기억이 없다면 정말 답답하고 모든 상황이 힘들게 느껴질 것 같다.

동시에 두 가지 장애가 있으니 그야말로 좌충우돌이다. 위험천만, 박장대소, 어처구니없음의 연속이다. 누군가에게는 아주 평범하고 소소한 일상이 시청각장애인에게는 모험일 수도 있다.

밥반찬 아니고
박관찬

내 이름은 외할아버지가 지어주셨다. '너그러울 관', '찬란할 찬'. 발음도 어렵고 기억하기는 더 어려운 것 같다. 순서를 바꿔 '박찬관'이라고 기억하는 사람도 많다. 흔한 이름이 아니라서 더 그런 것 같다. 그래서 자기 소개할 때 별명을 함께 알려준다. '밥반찬!' 어감이 비슷하고, 무엇보다 우습기 때문에 그 전략을 쓴 뒤로는 오히려 잊는 사람이 드물다. 강연 때도 '밥반찬' 이야기는 빼놓지 않는다.

엄마 친구는 내 이름을 '강감찬'으로 기억한다고 했다. 고려 시대의 위대한 장군으로 기억해주시니 영광이지만, 솔직히 '강감찬'과 '박관찬'이 비슷한지 잘 모르겠다. 둘 다 '찬'으로 끝나서? 역사 속 인물이라면 강감찬 장군보다 신라의 화랑 '관창'이 훨씬 가깝다. 안타깝게도 화랑 관창이 내 이름과 비슷하다는 말은 한 번도 들어본 적이 없다. 들을 수 있었을 때, 다들 내 이름을 경상도 사투리로 '관차이'라고 불렀던 기억은 남아있다. 푸근한 느낌이다. 지금도 고향 친구들은 카카오톡에서 '관차이'라고 부른다. 어렸을 때 할머니와 할아버지도 그렇게 부르셨다.

청력이 점점 떨어지면서 '찬'만 들릴 뿐, 그 앞은 못 듣는 일이 늘어났다. 초등학교 1학년 때 선생님이 떠든 학생을 불러내 벌을 주려고 했다. "병찬이 나와!" 난 '찬'만 듣고 앞으로 나갔다. 선생님이 약간 놀라시면서 다시 자리로 들어가라고 하셨다. 그 즈음부터 안 들린다고 느꼈던 것 같다.

여하튼 어렸을 때는 또래 중에 흔하지 않은 내 이름을 별로 좋아하지 않았다. 외할아버지는 나중에 커서 쓰라고 다른 이름도 하나 더 지어 주셨다고 한다. 언젠가 그 이름을 쓰리라는 기대감도 있었는데, 지금까지 내 이름은 여전히 박관찬이다. 이제 난 내 이름을 사랑한다. 내 정체성을 잘 보여주는 것 같기도 하고, 무엇보다 이름을 소개하면서부터 재미있는 이야기를 담을 수 있기 때문이다.

이만큼만
보여요

초등학생 때 동생과 동네 놀이터 돌아다니기를 좋아했다. 집 앞에 있는 놀이터에서만 노는 게 아니라, 다른 놀이터로 '원정'도 다녔다. 우린 미끄럼틀을 특히 좋아했는데, 한번은 새로 가본 놀이터에서 대형 사고를 쳤다.

그 미끄럼틀은 유난히 높았다. 동생은 올라가지 않으려고 했다. 오빠의 씩씩함을 보여주리라! 올라가 보니 과연 높기는 높았다. 디자인도 조금 별났다. 미끄럼틀의 마지막 부분은 보통 평평한데, 그 미끄럼틀은 끝나는 부분이 하늘을 향해 솟아 있었다. 하지만 그 높은 미끄럼틀 위에서 저시력인 내게 제대로 보일 리 없었다. 결국 신나게 내려오다 끝 부분에 얼굴을 정통으로 부딪히고 말았다. 눈 앞에 불이 번쩍했다. 미끄럼틀이 높으니 내려오는 속도도 그만큼 빨랐다. "오빠야, 피난다!" 옆에서 구경하던 동생이 깜짝 놀라서 연신 외쳤다. 사실 많이 아프지는 않았다. 그래도 동생이 피가 난다며 가자고 하길래 놀이터를 나섰다. 길가에 주차된 자동차 거울에 얼굴을 들이댔다가 기겁했다. 코가 온통 피범벅이었다.

엄마가 놀란 것은 당연지사. 병원에서 어떻게 치료받았는지는 자세히 기억나지 않는다. 다만 상처 부위에 햇빛을 받으면 안 된다고 해서 한동안 모자를 눌러쓰고 다녔다. 지금 생각해보면 천만다행이다. 내 얼굴에서 가장 특징적인 부분이 아빠에게서 물려받은 코다. 코가 높아 얼굴 균형이 잘 맞는 것 같은데, 그때 부러지기라도 했다면 우월한 '코 유전자'가 빛을 발하지 못했을지 모른다. 미끄럼틀 위에 서면 저시력인 내 눈에는 미끄럼틀 끝과 주변 땅은 분명히 보이는데, 끝 부분이 위를 향해 '들려' 있는 것까지는 보이지 않는다. 그러니 얼굴로 들이받을 수밖에.

한번은 낮에 길을 걷는데, 앞에 베이지색 옷을 입은 남자가 담배를 피우고 있었다. 밝은 대낮에 사람이 베이지색 옷을 입고 있으면 잘 안 보인다. 가만히 서 있으면 더 안 보인다. 거의 코앞까지 가서야 깜짝 놀라서 방향을 바꾸었다. 여름에는 양산을 쓰고 다니는 사람도 많다. 늘 한 박자 늦게 보는 내게 양산은 정말 골칫거리다. 앞에 사람이 마주 오고 있다는 건 알아도, 양산은 대부분 밝은 색이라 못 보는 수가 많다. 얼굴에 닿을 듯 스쳐 지나간 적이 한두 번이 아니다. 깜짝 놀라서 반사적으로 피하고는 가슴을 쓸어내린다.

지하철 역은 계단 디자인이 조금씩 다르다. 시각장애인에게는 계단 시작 부분에 줄이 그어져 확실히 구분되어 있는 디자인이 가장 좋다. 특별한 표시가 없으면 평지와 계단의 색깔이 같기 때문에 어디부터 계단인지 알기 힘들다. 실제로 계단에 발이 걸려 넘어진 적도 있다.

어렸을 때 친구들과 시내에서 놀다가 지하에 있는 서점에 가기로 했다. 공교롭게도 내가 앞장서 걸었다. 화려한 네온사인을 받으며 '○○서점'이라는 간판을 눈으로 확인하고 입구에 들어섰다. 아니, 들어서려고 했다. 사실 입구는 수십 계단 아래에 있었다. 미처 계단을 보지 못한 나는 다리가 아니라 몸으로 뒹굴며 수십 칸을 내려갔다. 다행히 크게 다치지는 않았지만, 아무리 조심해서 다닌다고 해도 보는 데 한계가 있기 때문에 어디에나 위험 요소가 도사리고 있는 것이다.

초밥 세트를 시키면 와사비가 함께 나온다. 내 눈에는 초밥 위에 올렸다가 떨어진 음식처럼 보였다. 와사비 덩어리를 젓가락으로 집어 그대로 입 안에 넣었다. 슬픈 것도, 하품을 한 것도 아닌데 눈물이 그렇게 많이 나올 줄이야!

기억 속
그 소리들

    비장애인일 때가 분명히 있었다. 그때는 소리를 정확하게 들었다. 특히 어린 시절 법대생을 꿈꾸게 했던 중국 드라마 '판관 포청천'에서 포청천이 큰 소리로 외쳤던 대사들은 아직도 생생하다. "작두를 대령하라!"나 "쳐라!"는 물론, 포청천이 전조와 공손책을 부르던 '전호위'와 '공손선생'이란 호칭도 기억한다.

    드라마 '가을동화'에서 원빈의 "얼마면 돼?"와 송혜교의 "얼마 줄 수 있는데요? 나 돈 필요해요."라는 대사는 오래 뒤에 우연히 인터넷을 보고 명대사로 회자된다는 사실을 알았다. 하지만 송승헌이 "은서야~"라고 부르거나 "사랑한다는 말도 못 하잖아. 사랑해 은서야!"라고 말하는 부분은 분명 내 귀로 들었다.

    초등학생 때 또래들과 친해지기 위해 저금통의 돈을 몰

래 꺼낸 적이 있다. 동전을 한가득 가방에 넣어 두었는데, 엄마가 청소하다가 가방이 무거운 걸 이상하게 생각하는 바람에 들켜버렸다. 그때 엄마가 한 말도 똑똑히 기억한다. 당시 인기 애니메이션 '천사소녀 네티'에서 주인공이 도둑(천사소녀)으로 변신하기 위해 외우던 주문 "주님, 정의로운 도둑이 되는 걸 허락해주세요."를 빗댄 말이었다. "너 정의로운 도둑이 될라고 그러나?"

  초등학교 5학년부터 6학년까지 같은 반이었던 여학생이 있었는데, 노래를 굉장히 잘 했다. 장기자랑을 할 때 다른 아이들이 나와서 노래를 부르면 잘 들리지 않았지만, 그 아이의 노래만은 정말 잘 들렸다. '하늘나라동화'를 부르면 첫 소절부터 생생했고, '오솔길'을 부르면 후렴구의 고음이 폭발적으로 교실 안을 울렸다. 하지만 소리를 들을 수 있을 때 가장 좋아했던 목소리는 따로 있다. 드라마 '사랑해 당신을'의 주제곡인 'I'm Still Loving You'를 부른 가수 두리안의 멤버 중 한 명이다. 이름은 모르지만 노래의 첫 소절 "햇살 같은 그대는 나의 빛/바라만 봐도 눈이 부셔/날 행복하게 해"를 부른 목소리는 내가 들어본 사람의 목소리 중 가장 좋았다. 나는 노래를 좋아했다. 어릴 적 가족들과 목욕탕에 갔다가 집으로 돌아올 때면 차 안에서 동생과 번갈아 노래를 불렀다. 주로 만화 주제곡이나 당시 유행하던 대중

가요였다. 서로의 노래가 끝나면 바로 이어서 부르는 게 규칙이었다.

내 첫 아이돌 가수는 젝스키스였다. 강성훈의 목소리가 특히 잘 들렸다. '커플'과 '예감'은 애창곡이었다. 미니카세트나 MP3 플레이어로 무한 반복해서 들었다. 지금도 유튜브에서 가끔 찾아 듣는데, 아쉽게도 이젠 소리가 안 들린다. 그냥 보면서 어디쯤 부르는지 짐작할 뿐이다.

청각장애 이야기를 하자면 튼튼영어를 빼놓을 수 없다. 동네 아이들과 함께 영어를 배웠다. 매주 서로의 집을 돌아가면서 만나 일주일간 공부한 걸 영어로 말한 뒤 우리말로 해석도 해야 했다. 다른 아이들은 종종 혼이 났지만, 난 주로 칭찬을 들었다. 그만큼 영어를 재미있게 배웠다. 문제는 선생님의 전화였다.

영어 선생님은 매일 아침 집으로 전화를 하셨다. 전화를 받으면 전날 공부한 걸 영어로 말해야 했다. 아침에 전화가 오면 엄마가 받아도 바로 내게 넘겨주었다. 수화기를 귀에 대면 "Hello?"라는 선생님의 목소리가 들렸다. 그 즈음에 귀가 점점 안 들리기 시작했던 것 같다. 그날도 아침에 전화가 왔다. 엄마가 받으라고 신호를 보냈다. 수화기를 들고 평소처럼 전날 공부했던 걸 영어로 말했다. "이상입니다!" 그 순간, 머리칼이 곤두섰다. 영어 선생님은 여자인데 수화기 저편에서 들려오는 목소리는 남자였던 것이다. 전화를 건 사람은 영어 선생님이 아니라 아빠의 직장 동료였다. 아빠가 전화를 받는 동안 난 옆에서 얼굴이 새빨개져 있었다. 아빠가 통화를 마친 후 곧 영어 선생님이 전화를 하셨다. 아까 영어로 이야기한 내용을 다시 반복하는데 얼굴이 왜 그렇게 화끈거리던지.

지금은 거의 못 듣지만 어렸을 때는 분명 들을 수 있었다. 갑자기 청력을 잃은 것이 아니라 차츰 안 들렸기 때문에 어떤 소리는 들을 수 있었다. 많이 들었던 목소리는 기억을 되살려 들어내기도 하고, 소리의 크고 작음을 구분할 수도 있었다. 지금 말을 하는 것도 어렸을 때 들었던 기억이 있기 때문에 가능한 것이다.

안 보고 안 들려서 생기는 일

아이인 줄 알았는데

길을 걷는데 편의점 앞에서 한 아이가 막 자전거에 올라탔다. 자전거 의자에 엉덩이를 완전히 붙이지 않고 한쪽 다리만 페달을 밟으며 출발하려고 했다.

'저러다 다칠라…'

속으로 걱정하는데, 꽈당! 중심을 잡지 못하고 진짜 넘어졌다. 깜짝 놀라 얼른 달려가 부축해 일으키며 물었다.

"괜찮니?"

일어난 사람의 얼굴을 본 순간, 깜짝 놀랐다. 키가 작을 뿐, 아이가 아닌 어른이었다.

장애를 이용하나?

대학 때 친구들끼리 식당에서 밥을 먹고 있었다. 분위기가 하도 들떠 있길래 무슨 이야기를 하느냐고 물어봤다. 식당 카운터의 아가씨가 예쁘단다. 남자 셋이 다 예쁘다고 하니까 같은 남자로서 궁금하지 않을 수가 없었다.

밥을 다 먹고 식당을 나가기 전, 지갑에서 오천 원짜리 지폐 한 장을 꺼내서 카운터로 갔다.

"저, 이거 천 원짜리로 좀 바꿔 주세요."

덕분에 가까이에서 얼굴을 봤는데 정말 예뻤다. 만족한 표정을 지으며 식당 밖으로 나온 내게 친구가 다가와 손에 뭐라고 적어준다.

"야, 니는 예쁜 여자 보기 위해 니 장애를 이용하나? ㅋㅋ"

어느 나라 사람이에요?

친구랑 식당에서 식사를 하고 카운터 쪽으로 갔다. 카운터 앞에는 편의점처럼 각종 군것질거리가 놓여 있었다. 후식으로 뭔가 먹고 싶었던 나는 초콜릿 하나를 집어 들고 카운터에 앉아있는 아주머니에게 물었다.

"이거 얼마죠?"

아주머니의 대답을 친구가 손바닥에 글로 적어준다.

"천 원."

이번에는 다른 초콜릿을 집어 들고 다시 물었다.

"그럼 이건 얼마인가요?"

이번에도 대답을 친구가 적어줬다. 하나를 골라서 계산했다. 결제를 한 뒤 카드를 돌려주면서 아주머니가 친구에게 뭐라고 물었는데, 친구가 통역해줬다.

"이 분 어느 나라 사람이에요?"

분명히 한국말은 하는데, 못 알아들어서 손에 적어줘야 하니 희한하게 보였나 보다.

재테크

시청각장애인인 나는 나만의 방법으로 재테크를 한다. 월급을 받아 적금을 넣는 것 말고 순수한 현금 재테크다.

편의점 콜라 1.5리터가 3,800원이다. 콜라 아래 쓰인 금액은 내 눈으로 볼 수 없기에, 카드 결제 후 휴대폰에 뜬 금액으로 확인한 것이다. 종종 현금을 내기도 하는데 가격이 제대로 보이지 않으니 항상 만 원짜리 지폐를 낸다. 콜라 1.5리터를 사면서 만 원짜리 지폐를 내면 거스름돈으로 6,200원을 받는다. 오천 원짜리와 천 원짜리를 각각 한 장씩 받아, 천 원짜리는 따로 봉투에 넣고 오천 원짜리는 지갑에 넣는다. 나중에 오천 원 이하로 짐작되는 물건을 살 때는 오천 원짜리 지폐를 내고 거스름돈을 받는다.

평소 이용하는 세탁소에도 항상 현금을 낸다. 옷 한 벌 세탁비가 4천 원인데, 두 벌을 맡기고 만 원짜리를 건넨다. 이렇게 항상 현금으로 계산하고 거스름돈으로 받은 동전과 천 원짜리 지폐는 저금통과 봉투에 고이 모셔둔다. 어느 정도 모이면 동전 지금통과 시폐 봉투를 열어 세본다. 10만원은 기본이다. 꽤 많은 돈이 모인 걸 확인할 때마다 마음이 뿌듯하다.

꼭 말이 아니어도 소통할 수 있다

눈에도 장애가 있고 귀에도 장애가 있으니 의사소통이 원활하지 않다. 하지만 소통은 반드시 '말'로만 하는 것이 아니다. 수어처럼 손으로 하는 방법도 있고, 나만의 의사소통 방법도 있다.

가장 선호하는 것은 '손바닥 필담'이다. 나는 말로 하고, 상대방이 하고 싶은 말은 내 손바닥에 글로 적는다. 종이나 휴대폰에 적어서 보여주는 방법도 있지만, 그리 선호하지 않는다. 상대방이 적는 동안 기다려야 하기 때문이다. 글자가 작으면 다시 적어 달라고 해야 한다. 그러면 시간이 더 걸린다. 반면 손바닥에 글을 적으면 나도 따라 읽기 때문에 기다릴 필요가 없다.

시청각장애에 대해 잘 모르는 사람은 손바닥에 글을 적어 소통하는 방법을 알려줘도 잘 이해를 못한다. 처음 만난 사람에게 내 장애에 대해 설명하고 손바닥을 내밀면 열 명 중 한 명 정도만 그 위에 하고 싶은 말을 적는다. 나머지 아홉 명은 종이나 폰을 꺼내려고 한다.

오랫동안 이렇게 소통하다 보니 사람마다 글을 적는 스타일도 다르다는 걸 알게 되었다. 내 손에 적는 글자의 크기와 적는 속도, 스타일에 따라 성격을 가늠해보기도 한다. 손바닥 가득 큼직큼직하게 한 글자씩 적는 사람은 성격이 시원시원하다. 한 번에 대여섯 자를 적는 사람은 소심한 성격이다. 손바닥이라는 제한된 공간에 많은 글자를 적으려면 그만큼 글자 크기가 작아질 수밖에 없다. 이해하기 어려울 정도로 글자 크기가 작을 때는 좀 더 크게 적어 달라고 한다. 따라 읽다 보면 굳이 끝까지 적지 않아도 무슨 말인지 이해하기도 한다. 그때는 웃으면서 상대방이 하려고 했던 말을 내가 먼저 말하기도 하는데, 성격이 꼼꼼한 사람은 꿋꿋하게 끝까지 쓴다. 감수성이 풍부한 사람은 '^^'같은 이모티콘도 활용하고, 한 문장이 끝나면 자기 손바닥으로 내 손바닥을 한번 쓸어준다. 새로운 문장을 시작하기 전에 깨끗이 지운다는 메시지다.

요즘은 첨단 의사소통 방법도 활용한다. 구글 음성인식 기능 어플이다. 아무리 구글이라도 100% 정확하지는 않다. 특히 발음이 어렵고 흔하지 않은 내 이름은 제대로 인식하지 못한다. 상대방이 '관찬쌤'이라고 불렀는데 어플에는 '반찬쌤'이라고 나오기도 한다. 얼마 전, 지인이 소개해 준 무선 마이크를 폰에 연결해 사용하니 인식률이 확 올라갔다. 경험상 마이크를 사용하지 않으면 인식률이 60% 정도인데, 무선 마이크를 사용하면 90%까지 올라간다. 상대방이 손바닥에 많은 글자를 적어야 하는 경우에는 무선 마이크 덕에 좀 더 편하게 소통하고 있다.

무선 마이크가 가장 유용한 때는 첼로 레슨이다. 레슨 때는 첼로를 안고 있을 뿐 아니라 왼손으로는 지판을 짚고, 오른손으로는 활을 잡으니 손바닥 필담이 어렵다. 이때 음성인식 어플이 큰 도움이 된다. 무선 마이크를 사용하기 전에는 음악 용어를 제대로 인식하지 못하는 아쉬움이 있었지만, 이제는 레슨 중에 첼로 선생님과 훨씬 편하게 이야기를 주고받는다.

코로나 사태도 음성인식 어플을 적극 활용하는 데 적지 않은 영향을 주었다. 신체 접촉을 피하느라 악수도 주먹을 부딪히는 것으로 대신하는 판에 모르는 사람에게 내 장애와 의사소통 방식을 설명하고 손에 적어달라고 하기가 조심스러웠다. 하지만 아무리 인식률이 높아도 이 방법에는 단점이 있다. 대화의 감수성이 떨어진다는 것이다. 상대방이 마이크를 잡고 말하는 동안, 나는 그의 얼굴을 보지 못하고 휴대폰에 나타나는 글자에 집중해야 한다. '글자'만 보고 대화하기 때문에 상대방의 감정과 분위기를 파악하기 어렵다. 반면 손바닥 필담은 어플보다 감수성이 풍부하다. 상대방의 체온을 느끼고 중간중간 얼굴을 볼 수도 있으니 감정이 잘 전달된다.

지금은 대화 장소와 상대, 내용 등 여러 가지 요소를 고려해 가장 좋은 방법을 선택한다. 의사소통은 꼭 말로만 하는 게 아니다. 작은 배려와 노력으로 우리는 서로 마음을 주고받을 수 있다.

학교의 기억

1번은 괴로워

　내가 다닌 초등학교는 학급 출석 번호를 생일로 정했다. 1~2월생은 빠른 생일이라서 뒤로 가고, 3월생부터 순서대로 번호가 정해졌다. 3월 초가 생일인 나는 늘 1번이었다. 발표나 실기시험을 늘 먼저 해야 했기에 시청각장애가 있는 내게는 큰 스트레스였다.

　하루는 체육 시간에 뜀틀을 했다. 선생님은 1번부터 줄을 세운 뒤, 뜀틀을 가리키며 뭐라고 설명하셨다. 그러고 나를 보며 호루라기를 부셨다. "휙!" 시작 신호다. 힘껏 달려가 멋지게 도움닫기를 한 후 훌쩍 뛰어넘었다. 완벽한 성공! 의기양양하게 자리로 돌아가면서 2번은 어떻게 하나 봤다. 2번이 뛰지 않고 나를 보고 있었다. 나도 걷다 말고 엉거주춤 2번을 바라보았다. 문득 그 애뿐만 아니라 모두 나를 바라보고 있음을 깨달았다. 이거 뭐지?

그때 선생님이 호루라기를 불어 2번에게 출발 신호를 보내셨다. 어안이 벙벙해졌다. 뒤통수를 한 대 얻어맞은 기분이랄까? 뜀틀을 넘을 때는 도움닫기 위치에서 최대한 먼 곳을 짚어야 한다. 그런데 2번은 가장 가까운 부분을 짚었다. 그러고 뜀틀에 머리를 대더니 앞구르기를 하는 거였다! 3번도, 4번도 계속 뜀틀 위에서 앞구르기를 했다. 그제야 선생님이 무엇을 지시하셨는지 알았다. 1번이 아니었으면 다른 아이들이 하는 걸 보고 따라하면 되었을 것이다. 뭐든지 맨 먼저 해야 하니까 그게 늘 스트레스였다.

실기시험에서 대굴욕을 맛본 적도 있다. 그날은 실기시험이 두 가지였다. '바른 생활'은 주어진 글을 읽고 뒤에 이어질 내용을 상상해서 발표하는 것이고, '즐거운 생활'은 노래를 부르는 것이었다. 필기시험을 마치고 실기시험이 시작되었다. 선생님이 1번과 2번을 부르셨다. 1번인 나는 교탁에 서고, 2번은 조금 떨어진 곳에 대기했다. 선생님이 나를 향해 뭐라고 말씀하셨다. 전혀 알아듣지 못했지만, 필기시험이 끝났으니 실기시험을 보기 위해 1번인 내가 앞에 나왔다는 것 정도는 눈치채고 있었다. 선생님이 자리에 앉으시는 걸 보니 말씀이 끝난 것 같아서 아이들을 향해 섰다. 심호흡을 한 차례 하고 큰 소리로 노래를 시작했다.

"새야~ 새야~ 파랑새야~ 녹두꽃에 앉지 마라~"

아이들이 갑자기 책상을 두드리며 왁자지껄 웃기 시작했다. 학교 다니면서 본 중에 가장 소란스럽게 웃은 장면으로 기억한다. 영문을 몰라 노래를 멈췄다. 선생님을 보았지만, 선생님은 나를 보지 않고 아이들에게 뭐라고 말씀하셨다. 엄한 눈을 하고 계신 걸 보니 조용히 하라고 하시는 것 같았다. 아이들이 조용해지자 선생님은 자리에서 일어나 나를 보며 말씀하셨다. 내가 서 있는 교탁과 선생님 책상이 멀지 않아 표정이 생생하게 보였다. 선생님은 눈과 목에 힘을 주고 있는지, 눈이 평소보다 컸고 목에도 힘줄이 잡혔다. 내가 들으라고 큰 소리로 말씀하시는 것 같았다. 그 목소리조차 들리지 않았다.

이윽고 선생님이 자리에 앉으셨다. 나는 다시 아이들을 향해 섰다. 왜 그렇게 책상을 두드리며 웃어댔는지 도무지 알 수 없었다. 내가 생각한 이유는 간단했다. '노래를 너무 못 불러서?' 크게 심호흡을 한 뒤, 한층 목청을 높였다.

"새야~ 새야~ 파랑새야~ 녹두꽃에 앉지 마라~"

이번에도 다음 소절로 넘어가지 못했다. 아이들이 또 책상을 두드리며 난리가 났기 때문이다. 다시 노래를 멈추고 선생님 쪽을 봤다. 선생님은 자리에서 일어나 두 손을 허리에 얹고 한숨을 푹 쉬셨다. 책상을 돌아 다가오신 선생님은 내 어깨를 툭 치시고는 자리로 들어가라고 손짓하셨다. 그러고 2번에게 교탁 쪽으로 오라고 손짓하시고, 3번을 앞으로 불러 대기시켰다. 교탁 바로 앞이 내 자리였기 때문에 2번이 뭘 하는지 가까이서 볼 수 있었다. '내가 그렇게 못 불렀나?' 의아해하면서 2번을 보는데 이상했다. 소리는 들리지 않았지만 노래를 부르는 표정이 아니었다. 그냥 편하게 말하는 것 같았다.

'뭐지?'

실기시험을 끝낸 2번은 자리로 돌아갔다. 이어서 나온 3번도 2번과 마찬가지로 평온한 표정으로 이야기하듯 실기시험을 치렀다. 다른 아이들도 노래를 부르는 표정이 아니었다. 5번까지 보고서야 깨달았다. 그 시험은 '즐거운 생활'이 아니라 '바른 생활'이었다! 얼굴이 화끈거렸다. 필기시험에서 읽은 글의 뒤에 이어질 내용을 상상해서 이야기하는 자리에서 뜬금없이 노래를 불렀던 것이다.

마지막 번호까지 끝난 뒤, 선생님은 다시 기회를 주셨다. 그땐 제대로 했지만, 아이들은 여기저기서 킥킥거렸다. 초등학교 3학년 때였다. 공교롭게도(?) 난 학급 반장에 당선되었다. 반장이 시험을 그렇게 망친 탓에 한동안 얼굴도 제대로 들고 다니지 못했다. 아이들은 나만 보면 "새야~ 새야~" 노래를 부르며 놀렸다.

지금 그때로 돌아간다면 선생님께 소리를 들을 수 없으

니 칠판에 적어달라고 했을 것이다. 체육 시간에 뜀틀을 해도 어떻게 해야 하는지 확실히 안 뒤에 시도했을 것이다. 하지만 그때는 무엇을 요구할 수 있는지 몰랐고, 선생님도 어떻게 도와줘야 할지 몰라서 그런 일이 종종 벌어졌다.

떡볶이를
만들다가

초등학교 5학년 실과 시간이었다. 조별로 떡볶이 만드는 실습을 했다. 우리 조는 고추장, 케첩, 마요네즈, 떡, 어묵 등 재료를 나눠서 준비하기로 했다. 맡은 것들을 챙겨서 학교로 갔다. "불 조심해라"라는 엄마의 신신당부를 뒤로 한 채. 학교 앞 구멍가게에서는 500원을 내면 종이컵에 빨간 떡볶이를 담아 주었다. 뜨거운 떡볶이를 후후 불면서 먹으면 진짜 맛있었다. 그 떡볶이를 우리들이 직접 만든다는 사실에 교실 분위기는 어느 때보다 활기찼다.

드디어 모두가 기다리던 실과 시간. 조별로 책상 여섯 개를 하나로 모아 앉았다. 각자 준비한 것들을 꺼내서 책상 위에 올려 놓고 선생님이 가르쳐주시는 대로 따라했다. 곧 버너 위에서 떡과 어묵이 들어간 떡볶이가 끓기 시작했다. 난 버너 바로 앞에 앉았다. 맞은편에 앉은 내 짝꿍이 조장이었다. 그는 당연하다는 듯 국자를 들어 젓기 시작했다. 앉은키가 작아서 버너 위가 제대로 안 보였는지, 일어서서 젓다가 이내 의자 등받이에 걸터앉았다. 모두 침을 꼴깍 삼키며 빨갛게 떡볶이가 익어가는 버너 위 냄비를 바라보았다.

얼마나 지났을까? 맛있는 떡볶이 냄새가 콧속으로 스며든다고 느끼는 찰나, 나는 의자를 뒤로 확 밀어젖히며 물러섰다. 아이들이 깜짝 놀라며 쳐다봤다. 짝꿍이 실수로 떡볶이를 너무 세게 저은 탓에 뜨거운 떡 하나가 내 얼굴로 날아든 것이다. 떡은 오른쪽 눈 바로 아래를 강타하고 바닥으로 떨어졌다. 난 떡이 닿았던 곳을 감싸며 괴로워했다. 모두 어찌할 바를 몰라 발만 동동 구르는데, 짝꿍이 다가와 밖으로 나가자는 제스처를 취했다. 날 수돗가로 데려가 차가운 물을 손에 적셔 얼굴에 뿌렸다. 하지만 뜨거운 떡이 피부를 스친 게 아니라 얼굴로 세게 날아들어 붙었다 떨어졌기 때문에 화상 부위가 꽤 컸다. 물로 적신다고 될 일이 아니었다.

우리는 교실로 돌아와 담임 선생님에게 알렸다. 마침 다른 반 선생님들이 우리 교실에 와서 커피를 마시다가 모두 깜짝 놀라 달려오셨다. 담임 선생님은 얼른 날 병원에 데리고 가셨다. 곧 엄마도 왔다. 지금 오른쪽 눈 밑의 피부가 괜찮은 걸 보면 치료를 잘 받은 것 같다. 하지만 그때는 내 상태가 어떤지 전혀 몰랐다. 치료한 뒤 의사 선생님이 말씀하시는 걸 듣지 못했고, 담임 선생님과 엄마도 설명해주시 않았다. 왜 난 내 상태를 자세히 알려고 하지 않았을까? 아무도 알려주지 않으니까 먼저 물어봤어야 했을 텐데.

엄마는 속이 뒤집어졌을 것이다. 내가 다쳤다는 데 한 번 놀라고, 사고가 일어난 경위를 듣고 분노했다. 담임 선생님도 당황한 기색이 역력했다. 정작 뜨거운 떡을 내 얼굴로 날린 녀석은 "관찬이가 버너에 얼굴을 가까이 들이대는 바람에 그렇게 된 것"이라고 했단다. 무슨 뚱딴지같은 소리인가? 기가 막혔다. 난 얼굴을 가까이하지 않았다. 저시력이라 자연스럽게 사물에 얼굴을 가까이 대곤 했지만, 떡볶이는 뜨거운 버너 위에서 끓고 있으니 위험하다. 등굣길에 엄마도 몇 번이나 이야기했다. 불 위험하니까 조심하라고. 짝꿍은 자기 잘못을 감추려고 둘러댄 것이다.

그게 끝이 아니었다. 미라처럼 오른쪽 눈 밑에 붕대를 두껍게 감은 채 담임 선생님, 엄마와 함께 학교로 돌아왔다. 교실에 들어서니 이미 떡볶이 실습은 끝나 있었다. 내 자리로 갔다가 또 한 번 놀랐다. 책상 위에 무언가 수북이 쌓여 있었다. 떡볶이를 만들다 생긴 쓰레기였다. 당황하신 담임 선생님이 황급히 치우면서 마요네즈나 케첩 등 재료를 하나씩 집어 내 것인지 물어보셨다. 엄마는 석상처럼 굳어 있고, 난 담임 선생님이 물어볼 때마다 고개를 끄덕이거나 젓기만 했다. 엄마는 속이 까맣게 탔을 것이다. 나도 가슴 속에서 무언가 부글부글 끓어올랐다.

오랜 시간이 지났지만 가스레인지나 버너 위에서 음식이 끓는 걸 보면 뜨거운 떡볶이가 얼굴을 향해 날아들던 기억이 떠올라 흠칫 놀라곤 한다. 그 기억이 쉽게 지워지지 않는 이유는 내가 겪은 부당함 때문일 것이다. 내 잘못이 아닌데도 버너에 얼굴을 가까이 들이댔다고 거짓말을 하고, 실과 시간이 끝난 뒤 모든 쓰레기를 내 자리에 뒀다. 그때로 돌아갈 수 있다면 그에게 따지고 싶다. 왜 거짓말을 했니? 네 실수로 사고가 났는데 왜 내 잘못인 것처럼 말했니? 왜 쓰레기는 다 내 자리에 뒀니? 왜 사과조차 하지 않았니? 그때 나는 왜 화를 꾹꾹 참았는지 모르겠다. 엄마가 있어서였을까?

다음날 그 애 엄마가 학교를 방문했다. 담임 선생님을 만나고 나도 만났지만 사과 한마디 없었다. 날 무슨 신기한 생명체라도 되는 양 쳐다보았을 뿐이다. 그게 다가 아니다. 그 자리에 있었던 다른 반 담임 선생님은 자기 교실로 돌아가 이렇게 말했다고 한다. 어떤 학생이 눈도 잘 안 보이고 귀도 안 들리는데 화상까지 입어서 '병신'이 되었다고.

그런 일을 지금 겪는다면 장애인 차별이나 모욕으로 신

고라도 하고 싶을 것 같다. 하지만 이런 생각도 한다. 그들도 이렇게 해야 할지 몰랐던 것 아닐까? 물론 나도 제대로 알지 못했다. 부당한 상황은 아픔으로 남았지만, 한편으로는 나를 강하게 만들고 인내심을 기르는 데 도움을 주기도 했을 것이다.

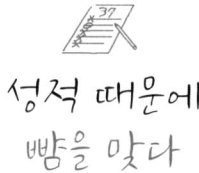

성적 때문에
뺨을 맞다

중학교 1학년이 되고 처음 치른 중간고사는 내 흑역사로 남아 있다. 초등학교와는 다른 환경에 적응하려면 누구나 힘들겠지만, 장애가 있는 내겐 더욱 그랬다. 중간고사 날짜가 다가오자 과목별 담당 선생님들이 시험 범위를 알려주셨다. 교과서나 참고도서에서 시험 문제가 나올 수도 있고, 수업 시간에 같이 풀었던 형성평가도 중요하다고 했다. 선생님의 말씀에 귀를 기울여야 시험 준비를 제대로 할 수 있었다. 그런데 그런 사실을 아무도 제대로 알려주지 않았다. 어디를 공부해야 하고, 어떻게 시험 준비를 해야 할지 막막했다. 그래서 초등학생 때처럼 교과서와 자습서를 보면서 혼자 시험 준비를 했다.

결과는 처참했다. 우선 과학 점수가 엉망이었다. 이유는 분명했다. 과학 시험 문제는 교과서가 아니라 수업 시간마다 나눠준 형성평가에서 나왔는데, 교과서 위주로 시험 준비를 했던 것이다. 시험을 치른 뒤에야 형성평가를 열심히 보지 않은 걸 후회했다. 기말고사는 형성평가 위주로 공부를 했는데 더 뼈아픈 결과가 나왔다. 이번에는 반대로 교과서에서 주로 출제되었던 것이다. 결국 과학은 두 번 다 낭패를 보았다. 기말고사가 끝나고 과학 점수가 중간고사 때보다 하락한 학생은 점수 차이만큼 종아리를 맞았는데, 우리 반에서 내가 가장 많이 맞았다.

 과학 점수는 그래도 양반이었다. 아직까지 또렷하게 기억하는 생애 최악의 점수 '37점!' 과목은 '기술·산업'이었다. 중학교 교과서 중에 기술·산업이 가장 얇았다. '덜 중요한 과목인가?' 하는 생각이 들 정도였다. 그래도 교과서와 자습서를 보면서 중간고사를 열심히 준비했다. 문제지를 받아 들었을 때 심장이 쿵 내려앉았다. 자신 있게 풀 수 있는 문제가 정말 단 한 개도 없었다. 식은땀이 등줄기를 타고 흘러내렸다.

 기술·산업 중간고사는 선생님이 나눠주신 유인물에서 출제되었다. 과학처럼 수업 시간마다 준 것도 아니고 한두 번 준 것이 전부였기에 중요하다고 생각하지 않았다. 중간고사를 준비하면서도 본 기억이 없다. 어쩌면 한 번 쓱 보고 쓰레기통에 버렸을지도 모른다. 별 수 없이 '찍었다'. 결과는 37점. 평생 받아본 가장 낮은 점수다. 50점 만점에 37점이 아니다. 100점 만점에 37점이다. 충격이 이만저만 큰 게 아니었다.

중간고사가 끝나고 기술·산업 시간에 선생님은 점수가 낮은 학생들을 불러내서 뺨을 한 대씩 때리셨다. 당연히 나도 불려 나갔다. 선생님은 내 턱을 한 손으로 받쳐 들어 올린 후, 다른 한 손을 높이 들었다. 다른 학생들은 서슴없이 때렸지만, 내 차례가 되었을 땐 멈칫하셨다. 아이들 중에 누군가 뭐라고 말한 것 같았다. 선생님은 팔을 치켜든 채 잠시 그 아이와 대화를 나눴다. 장애가 있다는 말씀을 드린 게 아닐까 싶다. 지금은 전혀 듣지 못하지만, 중학교 1학년 때는 얼굴을 마주한 정도의 거리에서 크게 말하는 소리는 조금 들을 수 있었다. 대화를 마친 선생님은 다시 나를 보더니 이렇게 말했다.

"점수가 37점이 뭐야, 인마!"

그러고는 주저하지 않고 뺨을 후려쳤다. 두 눈에서 별이 '번쩍'했다. 그렇게 맞아보기는 난생 처음이라 충격, 놀람, 분노, 공포 등 오만가지 감정이 교차했다.

그 뒤로는 교과서와 자습서, 수업 시간에 받은 유인물을 모두 보면서 공부했다. 어디서 시험 문제가 나오는지 선생님들이 알려 주셔도 듣지 못했고, 아이들도 나를 챙겨주지 않았다. 그렇다고 선생님들이 직접 시험 범위를 알려주신 기억도 없다. 여느 아이들보다 훨씬 공부를 많이 했지만 때때로 예상치 못한 문제가 출제되어 당황했다. 그래도 더 이상 37점을 맞지는 않았다. 기본 지식이 탄탄해져 예상하지 못한 문제도 어느 정도는 풀 수 있게 된 것이다.

지금 생각하면 정말 말도 안 되는 학교 생활이었다. 시력에 맞게 확대 제작된 교과서는 고사하고 문자통역도 없이 오로지 책과 씨름했다. 성적을 좌우하는 시험도 출제 범위조차 제대로 모른 채 닥치는 대로 공부했다. 엄마가 내 귀에 못이 박일 정도로 했던 말에 충실히 따른 셈이다.

"니는 다른 애들보다 안 보이고 안 들리니까 몇 배는 더 열심히 공부해야 된다!"

공부 잘 하는 애들과
한 반이 되었지만

 엄마는 학년이 올라갈 때마다 '공부'를 강조하셨다. 잘 안 보이고 잘 안 들리니까 몇 배는 더 열심히 해야 한다! 어렸을 때는 당연한 사실로 받아들이고 정말 열심히 공부했다. 중학교를 졸업하고 고등학교에 입학하기 전, 반편성 배치고사를 쳤다. 엄마가 그 시험이 아주 중요하다고 하셨다. 공부 잘하는 애들끼리, 공부 못하는 애들끼리 반을 편성하기 위한 시험이란 것이었다. 혼자 참고도서를 보고 기출문제를 풀면서 열심히 준비했다. 공부 잘하는 애들과 공부 못하는 애들을 어떻게 구분한다는 것인지는 잘 몰랐지만, 공부 못하는 애들과 한 반이 되었다는 잔소리를 듣기 싫었다.

 다행히 공부한 부분에서 많이 출제된 덕에 1학년 6반에 편성되었다. 내가 다닌 고등학교는 학년당 13학급이었다. 5반, 6반, 7반이 '특설반'이고, 나머지 반은 '평반'이었다.

특설반이 엄마가 강조했던 공부 잘하는 반인데, 그중에서도 6반이 배치고사 성적이 가장 좋았다. 당당히 그 반에 들어간 것이다.

큰 자부심으로 시작했지만 고등학교 1학년 생활은 굴욕의 연속이었다. 매달 수능 대비 모의고사를 쳤는데, '공부 잘하는' 학생들이 모인 특설반 중의 특설반에서 난 항상 꼴찌를 독차지했다. 결코 꼴찌에서 벗어날 수가 없었다. 공부를 못해서 그런 건 아니었다. 모의고사 과목 중에 언어영역과 외국어영역에는 '듣기' 문제가 있다. 교실 방송에서 나오는 문제를 하나도 듣지 못하니 그냥 찍었다. 높은 점수가 나올 리 없었다.

'듣기'뿐 아니라 다른 영역에서도 소위 '비빌 수 없는' 부분이 있었다. 중학교까지는 전과나 자습서를 보면서 혼자 공부해도 그런대로 좋은 점수를 받을 수 있었지만, 수능 과목은 어려운 내용이 많아 독학으로는 어림도 없었다. 매월 모의고사 성적은 처참했다. 반에서 맡아 놓고 꼴찌였다. 고2 때는 전 학년 모의고사 성적을 70%, 내신(중간·기말고사) 성적을 30% 반영해 반을 편성했다. 모의고사 성적이 바닥이라 내신 성적이 아무리 좋아도 특설반에 들어갈 수 없었다. 대신 내신에서는 결코 뒤지지 않았다. 모의고사와 달리 교과서 위주로 시험 문제가 출제되어 혼자 공부해도 충분히 좋은 점수를 낼 수 있었다. 내신 성적을 잘 관리한 덕에 법대를 갈 수 있었다.

사실 나는 수학을 좋아해 자연계열로 갔다. 하지만 인문계열과 자연계열은 수능을 염두에 둔 구분일 뿐, 내신으로 승부해야 하는 내게는 큰 의미가 없었다. 그래서 자연계열이었지만 국어와 역사도 충실히 공부했다. 고3때는 세계사 과목이 3학년 전체에서 상위 5% 안에 들어 '교과목 우수상'을 받기도 했다. 평소 역사에 관심이 많아 점수가 높았지만, 다른 과목의 내신 성적도 모두 평균 이상이었다.

듣기를 비롯해 수능에서 고득점을 기대할 수 없으니 '정시'보다 '수시'를 노려야 했다. 그때 대구대학교 법과대학이 수시 1차에서 내신을 100% 반영한다는 걸 알았다. 최고의 타이밍이었다. 당당히 합격해 법대생이라는 자랑스러운 타이틀을 법학석사까지 이어갈 수 있었다. 수시 1차 최종 합격 통지를 받았을 때 난 학교에 있었다. 소식을 듣고 너무 기뻐 쉬는 시간에 공중전화로 달려가 엄마한테 전화했다. 지금은 전화기에서 '따르릉~ 따르릉~' 소리도 들리지 않지만, 그때는 전화가 걸리는 신호와 상대방이 전화를 받은 것 정도는 구분할 수 있었다. 엄마가 전화를 받자마자 말했다. 아니, 외쳤다.

"엄마 엄마 엄마! 내 법대 수시 합격했다!"

전화기 너머에서 엄마가 뭐라고 했지만 들리지 않았다. 난 아랑곳하지 않고 이제 수능 안 쳐도 된다, 법대 간다, 고생 끝났다, 한참 재잘거리다 전화를 끊었다. 그날 집에서 가족들에게 입학 축하를 제대로 받았다. 수시에 합격했기 때문에 수능도 치지 않았다. 정말 자랑스러웠다. 성인이 되어서도 수능이 다가온다는 뉴스를 보면 엄마 생각이 많이 난다. 수능을 치는 자녀가 실수하지 않고 좋은 점수를 받아서 원하는 대학에 갈 수 있도록 정성스럽게 도시락을 준비하고 기도하는 부모들의 모습에서 엄마를 본다.

  장애가 있다고 해서 뒤처지지 않도록 엄마는 끊임없이 날 채찍질했다. 덕분에 모의고사 '듣기'처럼 어쩔 수 없는 영역은 일찍 포기하고 내가 잘 할 수 있는 내신에 집중적으로 투자해 결실을 맺을 수 있었다. '선택과 집중' 전략을 구사한 것이다. 돌이켜 보면 반편성이 오히려 이익이 된 것 같다. 모의고사로는 좋은 성적을 기대할 수 없기 때문에 내신으로 승부해야 한다는 사실을 1학년부터 깨닫고 준비할 수 있었기 때문이다. 하지만 더 큰 행운이 있었으니 고3 때 인생 '스승님'을 만난 것이다.

기억하고 싶지 않은 학교폭력

#1

초등학교 6학년 때 수학여행을 갔다. 첫날 일정을 무사히 마치고 방이 두 개 딸린 숙소에 들었다. 같은 반 남학생이 모두 한 공간에 투숙했다. 나를 포함해 스무 명 정도로 많은 편이었기에, 방은 물론 거실에서도 자야 했다. 외박 경험도 별로 없었고, 혹시 사고가 나거나 일행을 놓치지 않을까 걱정했기에 숙소로 돌아오자 긴장이 풀리며 피로가 몰려왔다. 아마 가장 먼저 잠들었던 모양이다.

얼마나 잤을까? 얼굴이 가려워 눈을 떴다. 몸이 개운한 걸 보니 두세 시간은 잔 것 같은데, 방 안은 불이 환했다. 다들 아직 잠들지 않은 것 같았다. 본능적으로 얼굴에 손을 댔다. 그러곤 벌떡 일어났다. 얼굴에 치약이 덕지덕지 발라져 있고, 그 위에 휴지가 덮여 있었다. 몸을 일으키자 휴지

들이 바닥으로 떨어졌다. 치약을 손으로 닦아내려고 했지만, 너무 많이 발라 놓아 쉽지 않았다. 당황한 나는 바닥에 떨어진 휴지를 집어 얼굴을 닦으면서 주변을 둘러보았다.

 불이 켜져 있다는 건 애들이 아직 자지 않고 있다는 뜻이다. 사실 아무도 자고 있지 않았다. 다들 나를 빤히 쳐다보았다. 몇몇은 재미있다는 표정이었다. 화가 치밀었다.

 "이거 뭐야? 누가 그랬어?"

 아무도 대답하지 않았다. 몇 녀석이 킥킥거렸다. 화장실로 가서 얼굴을 씻었다. 아직 붙어 있는 휴지도 떼어 내고, 얼굴 여기저기 칠해 놓은 치약을 헹궈내는 데 꽤 시간이 걸렸다. 마음이 가라앉기는커녕 점점 더 화가 났다. 얼굴을 씻고 돌아와 앉자 누군가 다가와 알려 주었다. 최○○가 그랬다고. 자기랑 몇몇이 말렸지만, 오히려 아무도 나서지 못하게 을러대더니 잠든 내 얼굴에 치약을 바르고 휴지를 덮었다는 것이다.

 최○○는 5학년 때도 같은 반이었다. 나뿐만 아니라 다른 학생들도 괴롭혔다. 수학여행에서도 내가 먼저 잠들자 장난기가 발동해 내 얼굴에 치약을 발랐던 것이다. 녀석은 끝내 사과 한마디 하지 않았다.

#2

중학교 2학년 때 같은 반이었던 백○○는 틈만 나면 날 괴롭혔다. 내 눈 앞에 얼굴을 들이대고 마주 보며 욕을 했다. 애써 무시하고 다른 쪽으로 돌아서면 계속 툭툭 치며 자신을 향하게 하고, 또 욕을 했다. 내가 듣지 못한다는 걸 알고 그야말로 '편하게' 욕을 한 것이다.

체육 시간에 운동장에 출석번호 순서로 서서 대기하고 있을 때였다. 백○○가 다른 아이를 데리고 내게 왔다. 백○○가 뭐라고 말하자, 그 아이는 날 바라보며 말하기 시작했다. 그 말을 못 듣는 나는 무심코 물었다.

"왜?"

그러자 둘 다 얼굴을 일그러뜨리며 웃었다. 분명 날 놀리고 있었다. 애써 무시하자 또 그 아이가 날 툭툭 치더니 뭐라고 했다. 아무 반응을 보이지 않고 무심한 표정으로 바라보자 그들은 더 크게 웃었다. 상대해주지 않으니까 이번에는 백○○가 내 몸을 툭툭 쳤다. 거의 때리는 수준이었다. 내가 바라보자 백○○는 재미있다는 표정을 지으면서 뭐라고 말했다. 나도 참지 못하고 한마디 했다.

"뭐?"

백○○는 손뼉을 치면서 크게 웃기 시작했다. 눈물이 나오려는 걸 꾹 참으면서 아무렇지 않은 척했다. 한 대 갈겨

주고 싶어 오른손 주먹이 부르르 떨렸다.

그 녀석들이 내게 욕을 했는지, 아니면 그냥 놀렸는지는 정확히 알지 못한다. 내가 듣지 못하니까. 그들도 그걸 이용해서 나를 놀리고 욕을 한 것이다. 내가 아무런 반응을 보이지 않거나, 전혀 맞지 않는 반응을 보이면 재미있어하고 그 짓을 반복했다.

#3

초등학생 때부터 날 괴롭히고 모욕감을 준 녀석들의 이름을 모두 기억한다. 언젠가 복수하고 싶었기 때문이다. 내가 당했던 만큼, 힘들었던 만큼 돌려주고 싶었다. '눈에는 눈, 이에는 이'라고 하듯, 당한 그대로 갚아주고 싶었다.

뉴스에서 학교폭력 사건이 터질 때마다 고민했다. '나도 신고할까?' 자신들이 저지른 잘못을 반성하고 사과하고, 정말 법에 어긋난다면 형사 처벌도 받게 하고 싶었다. 20년도 더 지난 일인데, 기억은 하고 있을까? 어쩌면 내 이름도 잊었을지 모른다. 졸업 앨범이라도 뒤져보면 어렴풋이 떠오를까?

복수하고 싶을 때마다, 사과를 받고 싶을 때마다 참으면서 생각했다. 최고의 복수는 '무관심'이라고. 내가 멋지고 즐겁게 살아가는 모습을 보여주는 것이야말로 복수라고.

물론 날 기억하지 못할지도 모르지만.

  혹시라도 그들이 이 글을 보고 나와 그때를 기억하게 된다면 어떻게 생각할지 궁금하다. 지금은 성인이니까 옳고 그름 정도는 분별할까? 아니면 여전히 인성이 못돼 잘못은 커녕 자기 이야기인 줄도 모를까?

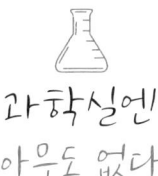
과학실엔 아무도 없다

중고등학생 때는 친구가 없어 책을 가까이했다. 특히 역사와 판타지 장르 소설을 좋아해 학교 도서관에서 빌려 읽곤 했다. 쉬는 시간에도 읽고, 수업 시간에 교과서 밑에 소설책을 숨겨두고 몰래 읽기도 했다. 주인공에 감정을 이입하면서 외로움을 달랬다.

고등학교 2학년 어느 날도 쉬는 시간에 소설을 읽었다. 너무 재미있어서 푹 빠져 있는데, 누가 어깨를 툭 쳤다. 당번이었다. 둘러보니 교실에는 당번과 나 외에 아무도 없었다. 그제야 다음 수업이 과학이라는 걸 깨달았다. 까맣게 잊고 있었다. 과학 수업은 교실이 아니라 과학실에서 한다. 당번이 가장 마지막으로 교실 문을 잠그고 과학실로 가려다 소설에 빠져 있는 날 본 것이다. 서둘러 과학 교과서와 필기구를 챙겨 교실을 나섰다.

과학실 문은 굳게 잠겨 있었다. 어리둥절했다. 분명 과학 시간인데, 왜 문이 잠겨 있지? 어찌할 바를 모르고 다시 교실로 돌아갔다. 교실 문도 당번이 잠그고 갔기 때문에 들어갈 수 없었다. 당황스러웠다. 교무실로 가서 담임 선생님께 말씀드릴까? 왠지 그러고 싶지 않았다. 운동장으로 나갔다. 다른 반 아이들이 체육 시간에 축구를 하고 있었다. 구석에 앉아 구경했다.

겨울이라 계속 앉아 있으니 몸이 떨려 왔다. 얼마 버티지 못하고 자리에서 일어났다. 다시 과학실과 교실을 가보았지만 역시 굳게 잠겨 있었다. 시계를 보았다. 다음 수업까지 30분 정도가 남아 있었다. 화장실로 가서 변기에 앉았다. 운동장처럼 춥지는 않으니 거기서 다음 수업 시간까지 기다릴 요량이었다. 고민이 시작되었다. 쉬는 시간에 아이들이 교실로 돌아올 텐데, '어떤 타이밍'에 들어가야 할까? 잠겨 있는 교실 문 앞에서 기다릴까? 아니면 아이들이 들어갈 때 아무 일도 없었다는 듯 슬쩍 들어갈까? 문득 궁금해졌다. 아이들은 내가 없어진 걸 알까? 나를 찾을까? 슬쩍 들어가면 눈치채지 못할까? 별의별 생각을 다 했다.

결국 쉬는 시간에 슬쩍 들어가기로 했다. 화장실에서 나와 손을 씻는데, 아이들이 하나 둘 교실로 들어가는 게 보였다. 얼른 그 틈에 끼었다. 아무 일도 없다는 듯. 그런데 뭔가 이상했다. 아이들의 손에 스케치북이 들려 있었던 것이다. 힐끔거리는 눈길도 느껴졌다. 뭔가 잘못되었다고 생각하면서, 한편으로는 아이들이 내가 없었음을 알고 있다는 게 반갑기도 했다.

알고 보니 과학 선생님이 개인적인 사정으로 다음날 해야 할 미술 수업과 시간을 바꾼 것이었다. 아무도 알려주지 않았으니 나는 당연히 과학실로 갔다. 과학 선생님은 아예 학교에 나오지 않으셨으니 과학실 문이 열려 있을 리 없었다. 미술실은 큰 책상 하나에 여섯 명씩 앉는 구조라서 누가 자리에 없는지 금방 눈에 띈다. 선생님과 아이들 모두 내가 없는 걸 알았을 것이다. 다음 과학 시간과 다음 미술 시간에 선생님들이 날 가리키면서 뭐라고 말씀하기도 했다.

그날 저녁 야간 자습 시간에 담임 선생님의 호출을 받았다. 선생님은 컴퓨터에 내가 읽을 수 있는 큰 글씨로 타이핑을 쳐 미술 시간에 어디 갔었냐고 물었다. 아무 대답도 못했다. 선생님이 먼저 말씀을 꺼내셨다. 과학 선생님 사정으로 시간이 변경되었는데 몰랐니? 고개를 끄덕였다. 선생님은 또 그런 일이 있으면 혼자 고민하지 말고 교무실로 오라고 하셨다. 난 고개만 끄덕이다가 한마디도 못 하고 교실로 돌아왔다. 자습시간이라 조용한 교실 뒷문으로 들어가 맨 앞 내 자리로 가는데, 아이들이 수군거리는 게 느껴졌다.

그때 분명히 봤다. 비웃음과 조롱, 놀림이 뒤섞인 얼굴들.

그제야 직감했다. 수업 시간이 변경된 걸 아무도 알려주지 않은 건 '고의'였다. 쉬는 시간에 소설에 빠져 있지 않았다면 아이들이 스케치북 챙기는 걸 보고 눈치챘을 것이다. 분명 누군가는 알려주려고 했지만, 몇몇이 못 하게 했을 게다. 장애가 있다는 이유로 단체로 벌을 설 때도 제외되고, 이런 저런 배려를 받아 시기하는 아이들이 많았다.

그 일로 담임 선생님이 어떤 조치를 취했는지, 아이들에게 뭐라고 하셨는지는 지금도 모른다. 변변한 친구 하나 없었으니 아무도 알려주지 않았고, 나도 그런 것까지 세세하게 알고 싶지 않았다. 이것만은 분명히 기억한다. 평소 야간 자습시간에 누군가 교무실에 갔다가 돌아오면 아무도 관심을 보이지 않는다. 그날 내가 돌아왔을 때 몇몇 아이들이 보인 표정은 시기하고 질투하는 감정이 없다면 결코 지을 수 없는 것이었다.

이런 일은 한두 번이 아니었다. 특히 중고등학교 때 심했다. 슬쩍 귀띔해주는 아이들도 있었다. 하루는 야간 자습시간에 공부하는데, 쪽지가 날아왔다. '관찬이, 지금 ○○가 계속 니 이름 부르고 있거든. 신경 쓰지 말고 열공(열심히 공부)해라.' 누군가 내 이름을 부르며 욕을 하거나 장난을 쳐도 난 듣지 못한다. 그걸 이용해서 놀리는 아이들이 있었다. 어쩌다 듣고 왜 불렀냐고 물으면 이렇게 반문한다. "너 안 들리는데 어떻게 들었다고 그래?" 그럼 할 말이 없었다.

그 쪽지를 받고서도 ○○에게 별다른 대응을 하지 않았다. 대응할 필요도 없고, 대응한다고 뭐가 달라지지도 않을 것이기 때문이다. 지금 돌아보면 모든 상황을 참고 견딘 내가 대견하다. 어쩌면 그런 시기가 있었기에 지금의 참을성 있는 성격이 만들어졌을지도 모른다.

이 어둠의 터널 끝에 빛이 있을까

질문에 대답하기는
어려워요

고등학교까지는 말도 안 되는 학교 생활이었다. 확대한 교과서나 학습지를 제공받거나, 수업을 문자나 수어로 통역받는 등 시청각장애인으로서 '정당한 편의제공'을 받지 못했다. 오로지 혼자 책과 씨름하면서 비장애 학생들과 경쟁했다. 대구대학교 장애학생지원센터는 달랐다. 최선을 다해 편의를 제공해주었다. 학구열이 단번에 치솟았다. 법학이라는 과목도 참 재미있었다. 하지만 딱 한 가지 아쉬운 점이 있었다.

강의 중에 교수님들이 특정 학생을 지목해 질문을 하시는데, 내게는 질문이 거의 없었던 것이다. 심지어 난 항상 맨 앞자리에 앉았다. 일반 키보드 문자통역 외에 전문 속기사의 문자통역도 받아 강의도 잘 따라갔다. 강의 중에 교수님이 학생에게 질문하는 모습을 문자통역으로 볼 때면 아쉬움이 들었다. 대개 답을 알고 있었기 때문이다. 혹시라도 잘못된 대답이 나오면 아쉬움은 더 커졌다. 내게 질문하지 않은 건 교수님들의 배려였을 것이다. 문자통역을 받으며 강의를 들으니 따라오기 쉽지 않을 거라고 생각했을 것이다. 노트북 화면에 집중하고 있는 내게 불쑥 질문을 던지기도 좀 뭣했을 것 같다.

석사 때도 계속 그럴 줄 알았다. 4년간 적응(?)이 되었달까? 교수님이 내게는 질문하지 않는다는 확신 같은 것이 생겼던 모양이다. 그러나 석사는 학부와 달랐다. 학생 수가 많지 않아 교수님들이 한 명 한 명에게 더 많은 관심을 가지고 토론식으로 강의를 이끌었다. 석사 과정 지도교수이신 정극원 교수님도 그랬다. 정극원 교수님의 강의는 학부 때 수강생이 80~100명에 이를 정도로 재미있었고, 헌법도 내게 잘 맞았다.

어느 날 열심히 강의를 듣는데, 불쑥 노트북 화면에 '질문'이라는 말이 떴다. 그날 문자통역하던 분은 활동지원사였기 때문에 일반 키보드를 썼다. 그래서 교수님의 말씀을 모두 타이핑하는 것이 아니라 핵심 위주로 통역했다. '질문'이란 말만 보고는 정확히 무슨 뜻인지 알 수 없었다. 계속 노트북 화면만 뚫어져라 쳐다보았다. 활동지원사가 질문 내용을 입력했다.

[헌법재판소 재판관은 총 몇 명인가?]

'쉽네, 아홉 명이잖아!'

그렇게 생각하는데 갑자기 활동지원사가 오른쪽 팔꿈치로 쿡쿡 찔렀다. 고개를 돌려보니 그가 노트북 화면을 손가락으로 가리키고 있었다. 그제야 상황을 알았다. 교수님이 내게 질문을 하다니! 질문을 받았으니 대답해야 할 것 아닌가? 온몸이 얼어붙었다. 전혀 예상치 못한 상황에 당황했던 것이다. '아홉 명입니다'라고만 하면 될 것을 우물쭈물하다가 타이밍을 놓치고 말았다. 얼굴이 화끈거렸다.

이후 교수님은 강의 때마다 불쑥 내게 질문을 하셨다. 나도 답을 했다. 질문은 기억나지 않지만, 이것만은 분명하다. 처음 대답했을 때도 정답이 아니라 오답을 댔다! 덕분에 석사 과정, 특히 정극원 교수님 강의는 항상 예습을 하고 들어갔다. 언제 질문하실지 모르니까 항상 준비해야 했다. 정답을 맞히는 횟수가 늘면서 자신감이 붙었다. 무려 세 번 연속 정답을 대기도 했다. 룸메이트였던 형한테 자랑하니까 '해트트릭'했다고 축하해주었다.

교수님의 질문은 내가 문자통역에 임하는 자세를 바꿔놓았다. 이전에는 그냥 화면만 보았지만, 이젠 질문을 받을지도 모른다는 생각에 능동적으로 집중했다. 이후 기자로 일하면서 인터뷰나 토론에 참여할 때, 박사 과정에서 강의를 들을 때도 난 늘 준비되어 있었다. 질문에 대답할 준비는 물론, 발언할 준비까지도. 장애인 학생에게 질문하지 않는 것은 '편의'를 제공하는 것이 아니다. 질문을 통해 능동적이고 적극적인 자세를 길러주신 정극원 교수님께 감사드린다.

평생 기억될 데뷔골

중학교 2학년 때 난생처음 축구 경기장에 갔다. 아빠가 포항 스틸러스 경기 초대장을 받은 것이다. 홈구장인 스틸야드에서 열리는 프로축구 경기를 직접 보러 갔다. 운 좋게도 자리가 골대 바로 뒤였다. 포항 스틸러스가 페널티 킥을 얻자 한 선수가 키커로 나섰다. 골인! 내가 응원하는 팀이 득점한 것보다 더 기억에 남은 건 슈팅 파워였다. 골대 그물이 찢어지지 않을까 싶을 정도로 강력한 슈팅을 날린 장본인은 바로 이동국 선수였다. 그날로 팬이 되었다. 포항 스틸러스 경기와 국가대표팀 경기를 모두 챙겨보았다.

이동국 선수처럼 축구를 하고 싶었다. 공격수로 뛰면서 골을 넣고 싶었다. 마침 우리 학교는 체육시간에 각자 원하는 대로 축구하고 싶은 사람은 축구하고, 농구하고 싶은 사람은 농구를 하곤 했다. 당연히 축구를 선택했다. 그런데 아이들이 끼워주질 않았다. 의사소통도 잘 안 되고 눈도 잘 안 보이니까 패스를 해도 제대로 받지 못했던 것이다. 어쩌다 체육 선생님이 축구에 끼워주셔도 내겐 아무도 패스를 하지 않았다. 볼 한 번 차보지 못하고 끝나버렸다. 날씨가 추워지면 운동장 한 켠에서 오들오들 떨며 축구하는 걸 구경했다. 운동장을 누비며 달리고 몸싸움을 했으니 겨울에도 체육시간 끝나고 교실에 들어오면 모두 땀범벅이었다. 추워하는 사람은 나뿐이었다. 고등학교 때도 마찬가지였다.

대학에 입학하자마자 '푸른삶'에 가입했다. 신입생 오리엔테이션에서 같은 조 동기들은 모두 법대 동아리에 가입했는데, 나만 중앙축구동아리를 찾아갔다. 그만큼 축구가 하고 싶었다. 고맙게도 모두 환영해주었다. 매주 수요일 오후 3시에 대운동장에 모여 공을 찼다. 첫날 인상적인 신고식(?)을 했다. 회장님이 스케치북과 사인펜을 준비해 오셨다. 거기에 선배들이 돌아가면서 이름과 기수를 적어주셨다. 큰 글씨로.

처음 나간 자리라 어색했는데, 한 선배가 분위기를 단번에 풀어주셨다. 그 선배는 우리 팀 골키퍼라고 자기 소개를 하더니 스케치북에 이렇게 적었다. "지금 기분이 안 좋아요." 내가 당황하자, 다시 스케치북에 적었다. "후배님이 오기 전에는 '푸른삶'에서 제가 제일 잘 생겼는데, 이제 그 자리를 뺏길 것 같아요." 덕분에 웃음바다가 되어 한결 편안한 마음으로 인사를 나눌 수 있었다.

신입생인 데다 축구 자체를 처음 해보기 때문에 1학년 때는 수비형 미드필더를 맡았다. 사실 공격수를 하고 싶었지만 '푸른삶'엔 현란한 개인기를 가진 선배, 공 잘 차는 선배, 드리블 잘 하는 선배들이 어찌나 많은지 파고들어갈 틈이 없었다. 괜히 공격수로 나섰다가 팀에 폐를 끼치고 싶지도 않았다. 수비형 미드필더는 선배 한 분이 더 있었다. 선배님의 지시를 받아 위치를 잡고 공을 뺏으면 동료에게 패스했다. 공격수는 아니었지만 팀의 일원으로 공을 차는 게 너무 재미있었다. 공을 잡지 않았을 때도 부지런히 뛰며 몸싸움을 하고 땀을 흘리는 데 점점 재미가 붙었다.

1학년 때는 한 골도 넣지 못했다. 2학년에 올라가니 내 밑에도 후배가 들어왔고, 회장님도 바뀌었다. 새로 회장이 되신 선배님은 내게 많은 관심을 보였다. 팀 훈련 때 훈련부장 선배의 동작을 잘 보지 못하자 일대일로 지도해주셨다. 어떤 포지션을 원하는지 묻더니 공격수로 뛸 기회도 주셨다. 사실 눈이 잘 안 보이니까 내게 오는 공을 받기가 쉽지 않다. 그나마 땅볼은 초록색 잔디 위로 굴러오니까 발로 컨트롤할 수 있지만, 공중에서 날아오는 공은 잘 보이지 않아 정확한 타이밍에 머리나 가슴으로 트래핑하기 어렵다.

솔직히 말해 공중볼은 무서웠다. 그래서 코너킥 같은 공중볼 경합에는 끼어들지 않았다.

그날 경기에는 공격수로 출전했다. 우리 팀이 볼을 따내 간격을 넓게 벌리며 상대 진영으로 밀고 올라갔다. 나도 동료들이 패스를 하며 전진하는 속도에 맞춰 달렸다. 공이 측면으로 빠지는 걸 확인하고 얼른 상대 팀 골대 앞에 가서 공이 오길 기다렸다.

"퍽!"

어찌 해볼 겨를도 없이 공이 날아와 얼굴을, 정확히는 코를 정통으로 때렸다. 그 충격에 뒤로 벌렁 넘어졌다. 측면에서 선배가 크로스를 올렸는데, 공이 정확히 내게로 왔던 것이다. 헤딩을 해야 했지만 미처 공을 보지 못했다. 세게 날아온 공을 코에 맞으니 아프기도 했지만, 너무 민망해서 얼른 일어나지 못했다. 크로스를 올린 선배가 달려와 나를 일으켜주셨다. 그리고 손으로 어딘가를 가리켰다. 코를 어루만지던 나는 그 쪽을 보고 깜짝 놀랐다. 공이 골대 안에 있었다. 내 코에 맞은 공이 골대 안으로 들어간 것이다!

골인!

동료들이 모두 달려와 데뷔골을 축하해줬다. 골을 넣으면 이동국 선수의 골 세리머니를 따라하겠노라 늘 별렀지만, 얼떨결에 넣은 데뷔골에 그저 축하 인사를 받으며 하프라인으로 걸어갔다. 나중에 회식 자리에서 크로스를 올린 선배가 그건 크로스가 아니라 슛이었다고 했다. 슛을 했는데 내 얼굴에 맞고 들어간 거라고. 난 인정하고 싶지 않아서 크로스가 맞다고, 내가 위치 선정을 잘해서 헤딩하기 전에 얼굴에 맞고 들어갔다고 우겼다.

'푸른삶'은 경기 시작 전과 건배 전에 구호를 외친다. 회장님이 '푸른~'이라고 하면 우리가 '악!'이라고 받고, 회장님이 다시 '악!'이라고 외친 뒤 모두가 또 '악!'이라고 외친다. 내 기억에 난 한 번도 타이밍을 정확히 맞춰본 적이 없다. '푸른삶'에서 내 생일 파티를 열어주어 내가 '푸른~'을 외치게 되었을 때도 타이밍을 맞추지 못했다.

'푸른삶'은 내 대학 생활에서 가장 큰 부분이었다. 발이나 머리가 아닌 코로 데뷔골을 넣고, 구호도 제대로 맞추지 못했지만 그냥 좋았다. 공을 찰 수 있어서, 한 팀으로 달리고 몸싸움할 수 있어서, 동아리라는 공동체의 일원으로 활동할 수 있어서. 대학생이 되어 공도 차고 운동을 하게 된 덕분에 몸도 건강해졌다.

룸메이트

대학 때는 한참을 공부 안 하고 놀면서 지냈다. 법대 2학년 땐 중간고사 준비를 안 해서 답안지에 이렇게 적고 시험장을 나온 적도 있다. "교수님, 시험 공부를 제대로 안 해서 죄송합니다."

하지만 3학년부터는 꽤 열심히 공부했다. 기숙사 룸메이트가 결정적이었다. 대구대학교는 장애 학생에게 기숙사는 물론 원하는 방을 우선 배정했다. 2학년까지 계속 1층 방을 썼다. 룸메이트도 같은 과 동기나 같은 고향이라는 소위 '지인'만 골라서 생활했다. 2년을 정신없이 놀다 보니 제대로 공부를 한번 해보고 싶었다. 기숙사 행정실에 내 생일이 3월 6일이니까 306호를 달라고 했다. 장애 학생 사이에서 1층은 경쟁이 치열했지만, 3층은 무혈입성(?)이 가능했다. 룸메이트도 따로 지정하지 않고 랜덤으로 매칭해달라고 했다.

  학기가 시작되고 새로운 룸메이트를 만났다. 나보다 두 살 많은 형이었다. 호텔관광학을 전공한다고 했다. 나중에 엄마가 승학이 형을 보고 원조 아이돌 그룹 H.O.T.의 장우혁을 닮았다고 할 정도로 잘생겼고 성격도 좋았다. 알고 보니 형도 장애 학생과 룸메이트를 하고 싶다고 신청해 나랑 매칭된 것이었다. 티격태격도 했지만 형과 지냈던 시간이 대학 생활 중 가장 즐거웠다. 늘 일찍 일어나 같이 아침을 먹고, 같이 도서관으로 가서 공부하고, 별 일 없으면 점심이나 저녁도 같이 먹고, 기숙사 체력단련실에서 운동도 했다.

  형을 좋아하고 따랐던 이유는 서로의 다름을 존중했기 때문이다. 전공도 달랐지만 도서관에서도 다른 열람실에서 공부했고, 체력단련실에서도 파트너로 하는 게 아니라면 각자 하고 싶은 운동을 했다. 대신 식사 때나 기숙사에 있을 땐 이야기를 많이 나눴다. 주로 내가 떠들고 형은 들어주는 쪽이었다. 늘 말이 잘 통하고 즐거웠다. 형이 내 손에 글씨를 시원시원하게 적어줘서 편하기도 했다. 한창 떠드는 중에 내 말을 끊고 손바닥에 글을 적어줄 때의 제스처는 정말이지 같은 남자가 봐도 멋있었다.

  최고의 시너지는 둘 다 찜닭을 사랑했다는 거다. 배달도 자주 시켰다. 시험 기간에도 시켜 먹고, 시험 끝났다고 시켜 먹고, 수업 마치고 기숙사에 오니 형이 시켜놓고 기다린 적도 있었다. 졸업 후 난 장애학생지원센터에서 조교를 하고, 형은 대구에서 회사를 다니다가 학교를 찾았을 때도 당연히 찜닭을 먹으러 갔다.

형과 룸메이트를 하면서 하루 세 끼를 꼭 챙겨 먹게 되었다. 아침은 항상 같이 먹었다. 먼저 일어난 사람이 깨우면 씻지도 않고 모자만 눌러쓴 채 식당으로 갔다. 주로 '아침정식' 메뉴를 먹었는데, 식판을 받아 자리에 앉으면 형은 내 식판에 있는 생선 접시를 가져가 가시를 다 발라주었다. 하루도 빠짐없이. 생활 패턴이 잡히기 시작했다. 저녁에는 꼭 도서관으로 가서 그날 수업 중 받았던 문자통역을 정리하고 공부했다. 덕분에 3학년부터 성적 장학금을 받기 시작했다. 장학금을 타면 형에게 한턱내곤 했다. 물론 찜닭으로.

형과 같이 캠퍼스를 걸을 땐 나도 모르게 가슴과 어깨에 힘이 들어갔다. 체력단련실에서 형이 운동하던 걸 따라해 가슴 근육이 좋아지기도 했지만, 그냥 형이 옆에 있다는 게 든든했다. 장애에 대해 잘 몰라도 있는 그대로 받아들이며 함께 지내준 형이 좋았다. 1년을 룸메이트로 지내다 4학년 올라가면서 잠시 헤어졌지만(?), 마지막 학기에 룸메이트를 해달라고 부탁했다. 유종의 미를 거두고 싶었다. 형이 흔쾌히 수락해서 총 1년 반을 동고동락했다.

운동도 열심히 하고 옷도 멋있게 입고 성격도 좋았던 형과 지내면서 참 많은 걸 배웠다. 형의 좋은 점을 배워 내 것으로 만들려고 부지런히 따라하기도 했다. 지금도 대학 때를 돌아보면 3학년 때가 전성기였던 것 같다. 가장 멋있으면서도 열심히 지냈던 때다. 이젠 다른 지역에서 사회생활 하느라 서로 바쁘지만, 그래도 연락하며 지낸다. 형을 생각하면 대학 3학년 때가 그립다. 언젠가 만나면 찜닭 사달라고 해야겠다.

사방이 캄캄했던 수험 생활

   법대 3학년이 되면서 열심히 공부해 성적 장학금을 받게 되자, 신입생 때부터 멘토 역할을 해주었던 법대 조교 형님이 '법원직 공무원(법원서기보)' 시험 준비를 권했다.

   공무원 시험에는 장애인 구분모집이 있는데, 비장애인 구분모집보다 합격선이 낮다. 법원직 공무원은 시험 과목이 헌법, 민법, 민사소송법, 형법, 형사소송법 등 대학에서 배운 것이라 준비하기도 수월할 거라고 했다. 재미없어 했던 행정법이 시험 과목이 아닌 것도 반가웠다. 국어, 한국사, 영어까지 총 여덟 과목을 네 과목씩 오전, 오후로 나누어 시험을 쳤다. 9급 시험인데도 과목이 많으니까 좀 걱정이 됐다. 하지만 장애인 구분모집은 합격선이 낮고, 법학 전공자가 공부하기에 유리하며, 무엇보다 법원서기보라는 직업은 안정적이고 승진이 빠르다는 게 형님의 말이었다.

시험 준비를 시작했다. 학교 다니는 동안은 국어, 한국사, 영어를 제외한 법 관련 과목에 집중했다. 법대를 다닌 덕에 학교 시험 준비를 충실히 하면 자연스럽게 공무원 시험 대비가 되었다. 졸업 후에는 대구대학교 인재양성관에 들어갔다. 인재양성관은 재학생과 졸업생이 고시 등을 준비하도록 7급과 9급 공무원반, 사법고시반, 경찰공무원반, 법무사반, 노무사반, 임용고시반 등으로 나누어 운영했는데, 원하는 반에 들어가려면 시험을 쳐야 했다. 내가 지원할 때는 법원직 공무원반이 따로 없어서 법무사반을 지원했다. 시험 과목이 법 관련 과목들이라 어려움은 없었다. 법무사반 수석으로 인재양성관에 들어갔다.

석사 과정 중에도 공무원 시험 준비를 게을리하지 않았다. 인재양성관 지정 독서실은 학습 환경이 매우 좋았다. 밤 늦게든 이른 새벽이든 24시간 공부할 수 있었다. 문제는 아무리 공부를 열심히 해도 시험 점수가 오르지 않는 것이었다. 휴대용 독서확대기를 수험서에 들이대고 한 글자 한 글자 꼼꼼히 읽고, 중요한 건 메모해 뒀다가 방에 올라가서 또 읽고, 헷갈리는 부분은 몇 번씩 다시 보았다. 잠을 줄여가며 공부했지만 성적은 제자리였다. 평균 점수가 1~2점이라도 오르면 장애인 구분모집 합격선이 낮으니까 희망을 가질 만했을 텐데, 1년이 지나도 합격선은 먼 나라 이야기였다.

  가장 큰 문제는 장애인에게 연장해주는 시험 시간이 1.2배로 의미를 부여하기조차 민망할 정도로 짧았다는 것이다. 법원직 공무원 시험은 법 과목이 절반이 넘는다. 판례가 많아 지문이 상당히 길고, 국어도 다른 공무원 시험보다 문학이나 독해 관련 문제가 많았다. 그 긴 지문을 정해진 시간 안에 다 읽고 문제를 푸는 건 비장애인이라도 어려운 일이었다. 핵심 포인트를 찾아 빠르게 풀어나가야 하는데, 독서확대기라는 한정된 공간 속에서 지문을 읽어야 하는지라 쉽지 않았다.

  확대 문제지도 말만 '확대'일 뿐 독서확대기를 써야 하는 건 마찬가지였다. 저시력 장애인이 보기 편한 글자체도 아니었고, 글자 크기도 너무 작았다. '확대'란 말이 무색할 정도였다. 객관식 문항의 문제와 지문의 글자체가 다른 것도 불편했다. 가령 문제가 굵은 고딕체라면 지문은 가는 바탕체로 되어 있다. 비장애인은 큰 어려움이 없을지 몰라도, 시력과 시야가 천차만별인 저시력 시각장애인에게는 글자체가 다르면 매우 불편할 수 있다. 예컨대 영어의 굵은 고딕체는 알파벳 'e'의 가로선(-)이 가늘고 'c' 부분은 굵다. 'e'가 아니라 'c'로 읽기 쉽다. 'eat'를 'cat'로 읽은 경우가 한두 번이 아니다.

이런 식으로는 아무리 공부해도 안 될 것 같아서 법원직 공무원 시험을 주관하는 법원행정처에 민원을 냈다. 확대 문제지를 제공할 거라면 더 크게 확대해주세요, 문제와 지문의 글자체를 통일해주세요, 장애인이 시험을 제대로 볼 수 있게 '정당한' 편의를 제공해주세요. 대답은 '노(no)'였다. 법원행정처에서 정한 기준이 있어 '어쩔 수 없다'고 했다. 지금이라면 어떻게 할까? 장애인 차별로 신고하거나 청와대 국민청원이라도 넣을까? 분명 '장애인 편의제공'인데 장애인의 필요에 맞출 생각은 없고, 장애인보고 자기들이 정한 기준에 맞추란 게 말이 되는가? 하지만 그때는 어떻게, 뭐라고 반박해야 할지 몰랐기에 '어쩔 수 없다'는 말을 받아들일 수밖에 없었다.

법원직 공무원 시험을 준비하며 7년을 흘려보냈다. 당시 공부한 것은 지금도 소중한 자산이지만, 아무런 성과도 없이 20대 청춘을 날린 것은 아깝기 그지없다. 해가 거듭될수록 답답하고 초조한 마음이 커졌다. 대한민국에서 가장 안정적인 직업이라는 공무원! 정말 공무원이 되고 싶었지만, 기약 없는 수험 생활이 언제까지 지속될지 짐작조차 할 수 없었다. 인재양성관에서 같이 공부하던 수험생들이 하나둘씩 목표했던 시험에 합격해 퇴관하는 게 그렇게 부러울 수 없었다. 정말 나는 앞으로 어떻게 되는 걸까?

공무원 시험 합격 수기를 찾아 읽어보기도 했다. 시험을 6개월, 3개월, 1개월, 15일, 1주일 남기고 어떻게 공부해야 하는지 정리한 글도 봤다. 수험서를 맨눈으로 읽는 것과 독서확대기로 읽는 것은 너무나 달라서 따라할 수 없었다. 합격하면 장애인 수험생에게 도움이 될 팁을 공유하리라 생각했지만, 합격선 근처에도 가보지 못했다.

부모님도, 조교 형님도 내가 힘들어할 때마다 '공무원'을 이야기했다. 시각과 청각에 장애가 있어 다른 곳에 취업하기 어려우니 공무원이 가장 좋은 직업이라고. 합격만 하면 평생 안정적인 직장이 생긴다고. 그땐 내가 어떤 능력이나 재능을 가지고 있는지 사람들도, 나도 몰랐다.

시청각장애가 있어 정보를 얻기가 어렵다. 그래서 세상에 어떤 직업이 있는지 잘 몰랐다. 아빠가 공무원이고, 형님이 권유해준 법원직 공무원이 가장 안정적이고 잘 맞는 직업이라고 해서 그런 줄만 알았다. 나중에야 깨달았다. 공무원이 아무리 좋아도 내가 갈 길은 아니라는 걸.

달팽이 날다

 수험 생활 중에도 꾸준히 연락했던 분이 고3 담임 선생님이다. 답답함을 견디며 공부하는 시간과 시험의 어려움, 시간이 흐를수록 쌓여만 가는 힘든 마음을 이야기할 수 있었던 유일한 상대였다. 선생님은 메일을 보내면 꼭 회신을 해주셨다. 안타까운 마음을 전하면서 뭐든 돕고 싶어 하셨다.
 그러던 중 뜻밖의 기회가 왔다. 2014년 3월부터 대구대학교 장애학생지원센터 조교로 채용된 것이다. 가뭄에 단비 같은 소식이었다. 조교로 일할 수 있었던 건 2006년 대학 입학 때부터 인연을 맺었던 이기동 장애학생지원센터장님과 여순자 장애학생지원센터 선생님, 그리고 고3 담임 선생님 덕분이다.
 조교는 4대보험에 가입하는 인생 '첫 직장'이기도 했다. 나이 서른이 다 되어서야 부모님께 용돈을 받으며 지내던 생활에서 벗어난 것이다. 공무원 시험을 포기한 것은 아니었지만, 결국 조교 생활은 내 삶의 방향을 바꿔 놓았다. 학생 때도 장애학생지원센터를 방문해 도우미나 문자통역을 위한 속기사를 신청했지만, 담당자로서 직접 학생들과 소통하고 일을 처리하면서 장애 감수성과 지식이 크게 향상되었다. 특히 업무 중 하나인 'DU레알장애체험스쿨'은 이후 장애인식 개선교육 강사로 활동하는 결정적인 계기가 되었다.

'DU레알장애체험스쿨'은 대구·경북지역 유·초·중·고교생을 대상으로 장애에 대한 이야기를 나누고 장애 체험 활동을 마련하는 프로그램이다. 처음 학생들 앞에서 장애에 대해 이야기할 때 말이 두서없고 빨라 제대로 전달되었을까 걱정했던 기억이 난다. 하지만 경험이 쌓이면서 자신이 붙었고, 살아온 이야기를 곁들이자 학생들도 재미있어 했다. 프로그램 후기는 늘 좋았다. 장애 학생, 도우미 학생을 많이 만나면서 좋은 인연도 쌓여갔다. 청각장애 학생들과 교류하면서 일상에서 흔히 사용하는 수어를 배웠고, 시청각장애 외에 다른 유형의 장애에 대해서도 알게 되었다. 속기사와 수어통역사 선생님들과 친해지면서 '통역'에 대해서도 많은 이야기를 나누었다.

2년간의 조교 생활은 독서실에 처박혀 수험서에 독서확

대기를 들이대며 시간을 흘려보내던 내게 많은 변화를 일으켰다. 그 경험과 인연을 바탕으로 과감히 공무원 시험을 포기할 수 있었다. 드디어 사회 속으로 한 걸음 내딛는 결정적인 순간이었다.

조교 2년차 계약 만료가 얼마 남지 않았던 2015년 겨울, 한국장애인재활협회에서 주관하는 '장애 청년드림팀 6대륙에 도전하다!' 프로그램에 도전했다. 나를 비롯해 대구대학교 학생 세 명과 서울 청년 두 명이 '달팽이 날다'라는 팀을 만들어, '시청각장애인의 자립지원 교육'이라는 주제로 미국 단기 연수를 준비했다. 내가 리더를 맡았다.

총 여섯 명으로 구성된 우리 팀엔 나를 포함한 시청각장애 청년이 세 명, 비장애 청년이 세 명이었다. 세 명의 시청각장애 청년은 장애 정도가 달라 의사소통하는 방법도, 통역받는 방법도 모두 달랐다. 누구를 어떻게 의사소통을 지원할지 많은 고민을 해야 했고 연수 준비와 진행, 역할 분담도 쉽지 않았다. 하지만 장애 청년과 비장애 청년이 함께 팀을 이루어 해외연수를 직접 준비하고 진행한 것은 정말 의미있는 경험이었다. 우리 팀은 그해 최우수팀에 선정되어 보건복지부장관상을 받았다. 이 팀의 리더였다는 사실이 자랑스럽다. 지금도 가끔 '달팽이 날다' 팀 소개 영상을 재생하며 그때를 추억한다.

장애 청년드림팀으로 해외 연수를 다녀오면 연수 경과나 후기를 에이블뉴스에 기고해야 한다. 그 글을 쓰면서 프로그램이 끝난 뒤에도 뭔가 계속 쓰고 싶다는 생각이 들었다. 미국에서의 경험을 쓰는 데 그치지 않고, 법원직 공무원 시험을 준비하면서 아쉽고 어려웠던 점 등 내가 하고 싶은 이야기를 글로 정리해 사회에 알리고 싶었다. 조교 생활 중 인연을 맺은 시각장애인이나 선생님들께 조언을 구했고, 2017년부터 장애인직업안정연구원 객원 기자로 활동했다. 직접 다양한 정보를 찾아 한국장애인고용공단 내꿈내일 기자단, 서울시복지재단 시민기자 등 기자로서 취재할 수 있는 기회도 갖게 되었다.

조교를 하면서 가장 보람 있었던 'DU레알장애체험스쿨' 경험을 토대로 장애인식 개선교육 강사로 활동할 길을 알아봤다. 마침 경주에서 한국장애인연맹(DPI) 경북지역 장애인식 개선교육 강사양성 공고가 났다. "이거다!" 아뿔싸, 한발 늦었다. 이미 접수 마감이었다. 그대로 포기하기엔 너무 아까웠다. 무작정 연락해보았다. 아직 정원이 미달이라 접수 가능하다는 말을 듣는 순간 꿈을 꾸는 기분이었다. 조교 계약 만료 후 미국 연수를 준비하면서 매주 경주에 가서 과정을 이수했다. 이론 과정과 강의 시연 등 평가를 거친 후 강사 자격을 취득했다.

미국 연수를 다녀온 직후부터 바로 강의에 파견되었다. "찾아가는 장애인식 개선교육"의 일환으로 주로 대구와 경북 지역 학교에서 강의했는데, 너무나 즐겁고 보람 있었다. 매일 강의가 있는 게 아니라 수입이 일정하지 않았지만, 강의를 다니는 것 자체가 너무 좋았다. 내가 직접 강의를 하고 강의료를 받는다는 것도 만족스러웠지만, 강의와 함께 객원기자 등 대외활동을 하면서 내 능력과 재능을 스스로 발견하기 시작한 것이 더 중요했다. 강의와 대외활동만으로는 안정적인 수입을 얻을 수 없어 틈만 나면 공모전, 대외활동을 비롯해 한국장애인고용공단 구인구직 정보를 확인했다. 공단에 이력서와 자기소개서를 100번 넘게 보냈다. 한 번도 서류 전형을 통과한 적이 없었지만, 내 경험과 이야기가 사회에 꼭 필요하므로 꾸준히 목소리를 내야 한다는 확신을 갖고 계속 문을 두드렸다.

성과가 나기 시작했다. 2017년에는 '전자정부 50주년 수기공모전'에 내 경험을 써서 장려상에 당선되었다. 2018년에는 국가인권위원회 장애차별예방 모니터링단으로 활동했다. 특히 2018년부터는 활동 범위가 전국으로 넓어지면서 일주일에 한두 번은 서울이나 경기 지역으로 강의와 취재를 다녔다. 교통비와 식비, 생활비에 충당하면 남는 게 거의 없는 프리랜서 생활이지만, 법원직 공무원 시험을 준비할 때보다 훨씬 보람 있었다. 내 강의와 기사, 경험과 아이디어가 사회에 통한다는 사실을 깨닫자 공무원이 아니라 '장애'와 관련된 일을 하는 게 더 맞을 것 같다는 생각이 들었다.

청년은 오늘도 첼로를 연주합니다

첼로를
배우고 싶다

그날도 지친 마음을 달래고자 영화를 한 편 볼 생각으로 노트북을 켰다. 즐겨 이용하는 사이트에서 목록을 살펴보다가 '굿바이'라는 영화를 발견했다. 일본 영화였는데, 제목부터 어떤 내용인지 궁금했다. 다른 영화를 찾기도 귀찮아서 다운받기 아이콘을 클릭했다. 매일 수없이 마우스를 누르지만 그것이 일생일대의 클릭이 될 줄 누가 알았을까?

남자 주인공 다이고는 첼리스트다. 오케스트라가 해체되는 바람에 졸지에 실업자가 되어 고향에서 새 일자리를 찾는다. 신문에 난 광고를 보고 지원하지만, '여행사'인 줄 알고 찾아간 곳은 '영원한 여행'을 돕는 납관사를 채용하고 있었다. 조수로 일을 시작할 때는 시체 만지는 것조차 두려워한다. 하지만 사장님이 정성스러운 손길로 고인을 배웅하는 모습을 보면서 점차 마음을 열고 납관사라는 직업에

열정을 갖게 된다.

아내와 고향 친구는 왜 하필이면 그런 일을 하냐고, 시체 만지는 손이 불결하다며 곁을 떠난다. 그래도 다이고는 꿋꿋이 일을 해 나간다. 납관을 하면서 다양한 사연을 접하고 삶과 죽음에 대해 깊은 생각에 빠지는 순간이 자주 찾아온다. 그때마다 다이고는 첼로를 연주한다.

영화 초반에도 다이고가 오케스트라에서 첼로를 연주하는 장면이 있지만 그냥 지나쳤다. 하지만 납관사가 된 뒤 첼로를 연주할 때마다 난 노트북 화면을 정지시켰다. 표정이 너무나 인상적이었다. 삶과 죽음에 관련된 일을 하면서 겪는 납관사의 온갖 감정이 고스란히 담겨 있었다.

솔직히 고백하면 '굿바이'를 보기 전까지 '첼로'라는 악기가 있다는 것조차 몰랐다. 시청각장애가 있으니까 정보를 접하는 데 한계가 있어서 그랬겠지만, 바이올린은 알아도 첼로는 처음이었다. 물론 첼로 소리도 전혀 듣지 못했다. 다이고가 마음이 괴롭고 생각이 복잡할 때마다 첼로를 연주하는 모습이 너무나 인상적이라 자연스럽게 궁금해졌다. 저 악기는 무슨 소리가 날까? 다이고는 첼로 연주를 통해 힐링을 얻는 것 같았다. 영화를 보면서 한 가지 생각이 강력하게 뇌리에 박혔다.

첼로를 배우고 싶다!

첼로가 무슨 악기인지, 어떤 소리가 나는지도 모른다. 연주한다 해도 스스로가 연주하는 소리도 못 듣는다. 바이올린보다 큰 녀석이니 가격도 비쌀 것이다. 하지만 그런 것은 중요하지 않았다. 다이고처럼 마음이 괴롭고 힘들 때마다 첼로를 연주하며 위안을 얻고 싶었다. 납관사는 아니지만, 나도 힘들었다. 공무원 시험을 준비했는데 아무리 공부해도 성적이 오르지 않아 자존감이 계속 깎였고, 장애인 채용 공고를 볼 때마다 지원했지만 서류 전형조차 통과하지 못했다. 나이를 먹어가니 취업해야 하는데 쉽지 않았고, 준비하는 일도 제대로 되지 않으니 마음이 편할 리 없었다.

첼로를 배우고 싶다는 막연하면서도 강력한 생각을 실천에 옮기기로 마음먹었다. 그냥 '폼 나게' 연주하는 게 아니라, 다이고처럼 진정으로 힐링하고 싶었다. 그런데 막상 배우려니 문제가 한둘이 아니었다. 우선 첼로가 있어야 했다. 가르쳐 줄 선생님도 있어야 했다. 첼로를 구입하고 레슨을 받을 돈이 필요했다. 첼로는 얼마일까? 레슨비는 어느 정도일까? 아는 게 없으니 어떻게 시작할지 막연했다.

인재양성관 룸메이트 형이 다니는 교회에 첼로를 연주하는 분이 있다고, 궁금한 것을 물어봐주기로 했다. 쓸 만한 악기가 대략 60만원대라고 했다. 돈을 모으기 시작했다. 고시생 신분이라 부모님에게서 용돈을 받아 사는 형편이었다. 현금인출기에서 3만 원을 인출하면 1만 원은 꼭 따로 떼어 두었다. 돈이 생길 때마다 찐돌이처럼 열심히 모았다. 악기값 60만 원 외에 레슨비도 있어야 했다. 그만한 돈을 모으기가 쉽지 않았다. 마음을 느긋하게 먹고 시간 날 때마다 영화 '굿바이'를 봤다. 다이고의 연주 장면에 몰입해 첼로가 어떤 악기인지, 연주자에게 어떤 영감을 주는지 조금이라도 느껴보려고 했다.

1년 동안 140만 원을 모았다. 레슨을 꾸준히 받으려면 돈이 더 필요할 것 같았지만, 그건 그때 생각하기로 했다. 우선 레슨을 받아보고 싶었다. 활동지원사에게 가까운 곳에서 첼로 선생님을 알아봐달라고 했다. 총 다섯 분의 연락처를 전달받았다. 한 분 한 분 문자를 보냈다. 첫 번째로 연락한 선생님과 레슨 시간, 장소, 레슨비 등에 대해 이야기를 나눈 뒤, 시청각장애가 있다는 말을 꺼냈다. 레슨이 어렵다고 했다. 첼로는 현악기라서 소리를 들을 수 있어야 하는데 장애가 있으면 힘들다는 거였다. 두 번째 선생님 역시 장애 이야기를 듣고는 레슨을 거절했다. 세 번째와 네 번째 선생님도 다르지 않았다.

마지막 선생님과 문자를 주고받을 때는 포기 상태였다. 첼로에 대해 알지도 못하고 소리도 듣지 못하면서 막연히 의지로만 배운다고? 말도 안 되는 소리! 선생님과 레슨에 대한 이야기를 나눈 후 메일 주소를 알려달라고 했다. 조금 길게 사정 이야기를 하고 싶어서 메일을 썼다. 어떤 계기로 첼로를 알게 되었는지, 왜 첼로를 배우고 싶은지 썼다. 장애가 있지만 정말 배우고 싶다는 소망도 담았다. 메일을 쓰기 시작하자 언제 그랬냐는 듯 포기하자는 마음이 사라지고 간절함이 우러났다.

답장을 기다리는 동안 140만 원을 어디에 쓸지 생각했다. 네 분이 거절했으니 다섯 번째 선생님이라고 다르랴? 차라리 홀가분했다. 좋아하는 옷을 살까? 찜닭을 실컷 먹어볼까? 그러고도 남을 것 같은데? 그때 문자가 왔다.

"메일 잘 읽었어요. 첼로는 마음과 영혼으로 연주하는 악기예요. 관찬 씨가 가진 장애로 인해 연주가 힘들 수도 있겠지만 우리 한번 열심히 해봐요."

모아둔 돈을 어디에 쓸까 하던 고민은 순식간에 사라지고, 눈물이 핑 돌았다. 나도 다이고처럼 첼로를 연주할 수 있다! 가슴이 벅차올랐다. 너무 기뻐서 감정을 주체할 수 없었다. 그렇게 첼로 레슨이 시작되었다.

첫 번째 레슨

 가장 먼저 할 일은 활동지원사와 레슨 장소까지 가보는 것이었다. 버스를 타야 했는데 혼자서 다니려면 위치와 가는 길을 확실히 알아 두어야 했다. 레슨 때마다 활동지원사와 동행하고 레슨 과정을 통역받을 수도 있었지만, 첼로만큼은 누구의 도움도 간섭도 받지 않고 선생님과 나만 있는 공간에서 배우고 싶었다. 막상 첫 레슨이 다가오자 걱정이 되었다. 정말 소리를 듣지 못해도 배울 수 있을까? 포기해야 한다면 너무 아쉽고 절망스러울 것 같았다.

 레슨 장소는 교회였다. 내릴 곳을 지나치지 않으려면 풍경을 잘 봐 두어야 했다. 버스를 타고 20분 정도 지나면 다리 밑을 두 번 지난다. 조금 더 가면 오른쪽에 소방서가 나타난다. 바로 출동할 수 있도록 소방차 앞부분이 도로 가까이 주차되어 있어서 내 눈으로도 볼 수 있었다. 소방서가 나오면 벨을 누르고 다음 정류장에서 내리면 된다. 그래서 레슨 갈 때는 항상 오른쪽 창가에 앉았다. 오른쪽에 자리가 없으면 왼쪽에 자리가 있어도 앉지 않고 창밖을 볼 수 있는 곳에 서서 갔다.

첫 레슨 날 조금 일찍 도착해서 선생님을 기다렸다. 선생님과 소통이 원활할까? 정말 첼로를 배울 수 있을까? 첼로를 연주하게 된다면 난 어떤 모습일까? 앞으로는 어떻게 될까? 아직 시작도 하지 않았지만 걱정이 앞섰다. 생각에 빠져 교회 주차장을 서성이는데 차 한 대가 들어왔다. 오셨구나! 운전석으로 다가갔다. 문을 열고 내리는 선생님에게 허리를 굽히며 인사했다. "안녕하세요?" 그리고 왼손을 내밀었다. 선생님은 환하게 웃으며 내가 내민 손에 한 자 한 자 또박또박 적어 주셨다.

"만나서 반가워요. 오래 기다렸어요?"

너무 기뻤다. 지금까지 살면서 처음 만나는 사람이 '손바닥 필담'을 바로 이해한 경우는 손으로 꼽을 정도였다. 물론 사전에 설명을 드리긴 했지만, 이렇게 잘 이해하실 줄은 몰랐다. 적어도 의사소통은 걱정하지 않아도 되겠다는 확신이 들었다. 첼로는 내가 입금해드린 돈으로 선생님이 사서 가져오셨다. 노트북을 세팅하고 자리에 앉아 간단히 서로 소개를 했다. 나는 말을 하고, 선생님은 하고 싶은 말을 노트북 한글 파일에 타이핑해 대화를 나눴다. "이제 첼로를 한 번 볼까요?" 소프트케이스에서 조심스럽게 첼로를 꺼냈다. 나무 냄새가 싱그러웠다.

첼로를 튜닝(각 줄의 음정을 맞추는 것)한 후 선생님의 다음 동작이 기억에 남았다. 첼로의 각 부위를 나와 함께 만져본 뒤 노트북에 방금 만진 부위의 이름을 타이핑했다. 큰 조리개, 작은 조리개, 브릿지…. 그 뒤 레슨에서도 선생님은 앉아서 타이핑하고 일어서기를 수없이 반복하며 첼로의 부위를 설명하고 내 자세를 바로잡아 주셨다. 레슨 중에 하고 싶은 말과 가르쳐줄 것이 아무리 많아도, 말이 아닌 타이핑으로 전달하는 데는 한계가 있다. 하지만 선생님은 1년 동안 단 한 번도 싫은 내색 없이 늘 환하게 웃으며 열심히 가르쳐주셨다. 레슨 때마다 열정에 감탄했고 선생님이 존경스러웠다. 다섯 번째 인연이 아니었다면, 첼로가 내 삶의 한 부분이 되지 못했을 것이다.

첫 레슨에서, 아니 첼로를 배우기로 결심했을 때부터 손꼽아 기다린 순간이 있다. 활로 첼로 줄을 그어 보는 것. 그게 어떻게 느껴지냐에 따라 첼로를 계속할 수 있을지 없을지가 결정될 것 같았다. 활에 송진을 바르고 활 잡는 법을 배운 뒤, 4번 개방현 '도' 음을 조심스럽게 그어 보았다. 긴 활의 끝에서 끝까지 현 위를 움직일 때, 머리끝부터 발끝까지의 모든 기운, 아니 우주의 모든 기운이 활을 잡은 오른손 검지손가락에 전달되었다. 그 느낌은 평생 잊지 못할 것 같다. 소리는 들리지 않았지만 진동만은 분명했다. 아주 풍성한 진동이었다. 온몸이 부르르 떨리며 전율을 느꼈다. 그때 선생님이 물어보셨다.

(타이핑)"왜 그래요?"

"진동이 느껴져요."

(타이핑)"정말요? 그럼 첼로를 연주할 수 있을 것 같아요. 관찬 씨가 느끼는 진동에 의지하면 돼요. 사실 저도 첼로 소리를 듣지 못하면 어떡하나 걱정이었는데, 진동이 느껴진다니 너무 다행이에요."

진동에 의지해 첼로를 배웠다. 소리를 정확히 듣고 음정을 짚기는 어렵기 때문에, 선생님이 지판에 스티커를 붙여주셨다. 왼손으로 스티커의 감촉을 느끼며 음정을 짚고, 오른손은 활로 현을 그어 울리는 진동을 통해 연주할 수 있었다.

이 세상에 천사가 있다면 망설임 없이 첼로 선생님이라고 말하겠다. 늘 환한 웃음을 잃지 않고, 레슨 때마다 소리가 더 좋아졌다고 칭찬하고, 열심히 한다고 격려해주셨다. 또 선생님이 연주하는 공연에 초대해주셔서 난생처음 무용을 보러 가기도 했다. 물론 내게는 무용보다 첼로 연주가 더욱 인상적이었다. 영원할 것만 같던 선생님과의 인연은 1년을 넘기지 못했다. 애초부터 미국에서 공부하고 싶어 하셨던 선생님은 결혼 후 남편과 함께 미국 유학을 떠났다.

  그 뒤로 다른 선생님을 만나 계속 첼로를 배웠지만, 처음 첼로를 가르쳐주신 선생님께 항상 감사한다. 네 명의 선생님께 거절당한 내가 레슨을 받을 수 있었던 건 오로지 선생님 덕이다. 첼로를 배운 지 1년도 안 되었을 때 캐럴송 '징글벨'을 혼자 공부해서 서툴게나마 연주해드렸다. 그때 감동하시던 표정에서 '진정성'이라는 걸 느꼈다. 첼로를 배우기로 한 건 내 삶의 베스트 선택. 그 선택을 실현시켜준 선생님께 언제까지나 감사한 마음을 전한다.

악기 소리가
시끄러워요

외출하려고 집을 나서는데 누가 우리집 문에 포스트잇을 붙여 놓았다. 얼른 떼어내 읽어보았다.

"악기 소리가 너무 시끄러워요."

그때서야 깨달았다. 첼로 연습하는 소리가 벽간, 층간으로 이웃들에게 큰 피해를 주고 있었던 것이다. 내가 연주하는 소리를 스스로 듣지 못하니까 남에게 얼마나 크게 들리는지 미처 생각하지 못했다. 밤낮 없이 매일 연습했으니 얼마나 시끄러웠을까? 참다 못해 결국 누군가 항의를 한 것이다. 포스트잇을 받은 날부터 더이상 집에서 첼로 연습을 할 수 없었다. 그래선 안 될 것 같았다.

연습은 계속해야 했기에 첼로 케이스를 매고 집을 나섰다. 밖에서 연습하기로 한 것이다. 평소 대학 캠퍼스를 다니면서 날씨가 좋으면 연습해보리라 생각했던 벤치가 있었다. 밖에서 연습하기는 처음이라 조금 어색하고, 사람들의 시선도 신경 쓰였다. 하지만 너무 연습하고 싶었다. 벤치에 앉아서 첼로를 꺼냈다. 사람들이 발길을 멈추든, 박수를 치든 보이지도 들리지도 않는다. 연습에만 집중하면 되는 것이다.

하지만 겨울이 되자 더는 밖에서 첼로를 연습할 수 없었다. 날씨도 추웠지만 현악기인 첼로를 야외에서 꺼내면 줄이 풀리거나 얼어버릴 게 분명했다. 집에서는 악기 소리가 시끄럽다 하고, 밖은 추우니 연습을 할 수 없었다. 봄이 되어 따뜻해지기를 기다려야 했다. 하지만 하루 중 첼로 연습하는 시간이 가장 행복한 내가 계절이 바뀌기를 기다리기는 너무 힘들었다. 한동안 연습을 쉬면 감도 떨어져서 처음부터 다시 해야 할 것 같은 두려움도 들었다. 어떻게 하면 좋을까? 첼로 연습을 계속할 방법은 없을까? 고민 끝에 용기를 냈다. 내가 사는 건물의 모든 이웃에게 편지를 쓰기로 한 것이다.

"안녕하세요, 지난 여름에 악기 소리로 큰 피해를 끼쳐서 죄송합니다. 청각장애가 있어서 제가 연주하는 소리가 얼마나 큰 소음이 되는지 몰랐어요. 너무 죄송합니다. 연주하는 소리는 못 듣지만 제가 하루일과 중에서 첼로 연습하는 시간을 가장 행복하게 생각하고 있습니다. 그래서 너무 죄송합니다만, 오후 1시부터 2시까지 딱 한 시간만 집 안에서 첼로를 연습할 수 있게 허락해 주시면 안 될까요? 부탁드립니다."

그날 밤 이웃들에게 편지를 전하기 위해 집을 나섰다. 위층으로 올라가는데 마음속에서 두 가지 목소리가 들렸다. 한 쪽에서는 이렇게 말했다. '지금 뭐 하는 거야? 정말 이래도 괜찮아? 잘못하면 여기서 쫓겨날 수도 있는데, 이러면 안 돼.' 다른 쪽에서는 이렇게 말했다. '아니야, 첼로를 계속 연습하려면 이렇게라도 해야 돼.' 억지로 용기를 냈다. 이웃집 문틈에 편지를 꽂는 손이 덜덜 떨렸다. 모든 집을 돌며 문틈마다 편지를 꽂아두고 도망치듯이 집으로 돌아왔다. 심장이 세차게 뛰는 게 느껴졌다.

그날 밤부터 문자가 오기 시작했다. 이웃들은 저마다 몇 호라고 밝히면서 응원해주었다. 마음껏 연습하라고, 얼마든지 연습하라고. 너무 고마웠다. 그중에서도 정말 감동적인 문자 메시지가 하나 있었다.

"인생의 즐거운 한 부분을 마음껏 즐기지 못해서 속상하시겠어요. 편지 잘 받았고요. 이웃님이 듣지 못하는 첼로의 소리, 제가 대신 들어드리겠습니다."

이웃들의 배려 덕분에 오후 1시부터 2시까지 집 안에서 첼로 연습을 할 수 있었다. 너무 기뻐 눈물이 났다. 며칠 뒤 외출을 하는데 우리집 바로 맞은편에 새로운 이웃이 이사 들어오는 모습을 봤다. 또 걱정에 빠졌다. 새로 이사 온 이웃은 내 사정을 모를 텐데, 양해를 구하는 편지를 다시 써야 할까? 생각 끝에 지난번 감동적인 문자를 보내주셨던 이웃에게 문자를 보내 첼로 소리가 얼마나 크게 들리느냐고 물어봤다. 무슨 곡을 연주하는지 다 알 수 있을 정도로 크다고 했다. 그 정도인 줄 몰랐던 나는 솔직하게 이야기했다.

"지난 여름 악기 소리가 시끄럽다고 누군가 포스트잇을 붙였어요. 오늘 새로 이사 온 이웃이 있는데 그분께도 편지를 써야 할까요?"

대답을 보고 깜짝 놀랐다. 악기 소리가 시끄럽다고 포스트잇을 붙인 사람이 바로 자기라는 거였다. 첼로가 내게 어떤 의미인지도 모르고 무작정 시끄럽다고 한 것이 많이 미안했다고 했다. 오히려 고마웠다. 그가 아니었다면 계속 밤 11시가 넘도록 첼로를 연습했을 것이다. 무슨 곡인지 알 수 있을 정도로 소리가 크다면 더 큰 문제가 생겼을지도 모른다. 요즘은 층간소음으로 경찰 신고나 민원이 제기되기도 하니까 말이다.

  그 일을 계기로 우리는 좋은 이웃이 되었다. 꼭 장애뿐만이 아니라 서로 조금씩 양보하고 배려한다면 모두 더불어 행복하게 살아갈 수 있다고 생각한다. 나와 이웃들이 그랬던 것처럼.

나의 앤 설리번, 김영아 선생님

김영아 선생님을 만난 것은 2022년이었다. 그 전까지는 레슨 때나 연주할 때 항상 부족함을 느꼈다. 뭔가 채워지지 않는 허전함이 있었다. 그래서 레슨이나 연주 전에는 늘 걱정과 두려움에 시달렸다. 종종 레슨이나 연주에 집중하지 못했고, 끝나면 늘 아쉬움이 남았다. 실력이 너무 느리게 느는 것 같아서 답답했다.

김영아 선생님은 첫 레슨부터 부담감을 내려놓을 수 있게 편안한 분위기를 만들어주셨다. 레슨 시간이 아니라도 궁금한 게 있으면 언제든 카카오톡 메시지를 보내라고 하셨다. 연습하는 것을 녹음해 보내드리면 악보를 캡처해서 잘못되었거나 다듬어야 할 부분을 친절하게 설명하고 아낌없이 조언도 해주셨다.

레슨 때는 음성인식기능 어플을 사용하는데, 사람의 목

소리를 100% 정확하게 인식하지 못할 때가 종종 있다. 음악 관련 용어는 특히 그렇다. 선생님은 그런 일을 조금이라도 줄이려고 레슨 전에 발음 연습을 하셨다고 한다. 시청각 장애인인 내가 어떤 곡을 연주하면 좋을지, 어떤 방법으로 연습하면 좋을지에 대해서도 늘 고민하고 나와 많은 대화를 나누었다. 레슨에서 많이 사용하는 단어나 어구는 수어를 가르쳐드렸는데, 적극적으로 배워서 레슨에 활용하셨다. '많이', '다시', '한 번 더' 같은 말은 굳이 음성인식기능 어플을 쓰지 않아도 수어를 이용해 바로 다음 단계로 넘어갈 수 있다. 이제는 선생님이 먼저 "○○는 수어로 뭐예요?"라고 묻는다. '공부하는 선생님' 같아서 멋지고 존경스럽다.

선생님께 레슨을 받은 뒤로 운명처럼 첼로와 관련한 좋은 일과 잊지 못할 추억이 계속 생겼다. 2022년 밀알복지재단에서 주최한 제8회 스토리텔링 공모전 '일상 속의 장애인'에서 '청년은 오늘도 첼로를 연주합니다'가 만장일치로 대상에 선정되었다. 보건복지부장관상을 받는 영광과 함께 내 글의 주제가 '첼로'였기에 시상식에서 축하 연주도 했다. 선생님께서 꼼꼼하게 레슨을 해주신 것은 물론이다.

대상 수상으로 2022년 하반기에는 강연과 공연 의뢰가 많이 들어왔다. 연주비로 전에 받아보지 못한 금액을 받기도 했고, 큰 무대에도 서 보았다. 부담스럽기도 했지만 선생님의 레슨 덕에 모두 성공적으로 마칠 수 있었다. 가능하면 공연 때마다 동영상을 찍어서 선생님께 보내드리는데, '소리가 너무 예쁘게 잘 들렸어요'라는 칭찬을 받을 때가 제일 기분이 좋고 뿌듯하다. 물론 아쉬운 부분은 다음 레슨에서 다듬어주신다.

  김영아 선생님께 레슨을 받으면서 '인생곡'이 생겼다. 바로 'You Raise Me Up'이다. 이 곡은 뒤에 조가 바뀌면서 한 옥타브 올라간다. 예전에는 이렇게 포지션이 올라가는 곡은 도전할 엄두도 내지 못했다. 다른 포지션으로 이동하려면 '소리를 들으면서' 음정을 정확히 짚어야 하는데 내게는 보통 어려운 일이 아니다. 선생님이 한번 해보자고 하지 않으셨다면 절대 도전하지 못했을 것이다. 하지만 이제 이 곡은 내 공연의 하이라이트가 되었다. 아직도 가끔 실수를 하지만, 이 곡에는 내 삶이 담겨 있는 것처럼 느껴질 때가 있다. 모든 곡이 하나의 '이야기'라면, 이 곡이야말로 힘들게 시작해서 점점 행복해지는 내 삶의 이야기다. 선생님을 만나기 전에 내 공연의 마지막 곡은 '사랑으로'였지만 요즘은 'You Raise Me Up'을 많이 연주한다.

  2022년 12월에는 가수 임영웅의 '사랑은 늘 도망가'를 배웠다. 이 곡도 큰 영감을 주었다. 아줌마들이 정말 좋아할 거라고 하셨지만, 나도 그 멜로디가 너무너무 좋아 연습 때 즐겨 연주하다, 2023년에는 2포지션부터 4포지션까지 적극적으로 활용하게 되면서 첼로 실력이 큰 폭으로 성장했다. 선생님을 만나기 전까지는 항상 1포지션에서만 연주했다. 포지션을 이동할 수 있게 되니 레퍼토리가 훨씬 다양해졌다. 문자 그대로 한 단계 업그레이드된 것이다. 모두 선생님 덕이다.

포지션을 이동해 가며 연주하려면 악보에서 어느 부분에 어떤 포지션이 맞을지 잘 파악해야 한다. 나는 음표가 그려진 악보가 아니라 저시력에 맞는 악보를 따로 만들어서 보기 때문에 포지션 이동이 조금 애매한 부분이 있다. 하루는 저녁에 선생님이 사진 한 장이 첨부된 문자를 보내셨다. 그때 레슨받던 곡의 악보였다. 선생님은 악보에 내가 이해하기 쉽도록 포지션별로 색깔을 달리해 손가락 번호를 다 적어 놓으셨다. 일부러 시간을 내서 그렇게 해주신 마음이 너무 고마웠다.

김영아 선생님께 레슨받는 시간이 정말 즐겁고, 내 실력이 점점 늘고 있음을 느낄 때마다 참 뿌듯하다. 선생님이 너무 좋다. 오래오래 레슨해주시면 좋겠다. 언젠가 단독 콘서트 같은 걸 하게 된다면 꼭 선생님과 함께 무대에 서고 싶다. 내가 연주하고 선생님이 피아노 반주를 하거나, 듀엣으로 첼로 앙상블을 하거나, 어떤 컨셉이든 잊지 못할 추억이 될 것이다.

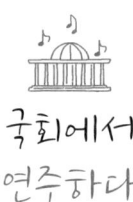

국회에서
연주하다

   2023년 4월 15일은 특별한 하루였다. 사단법인 한국저시력인협회와 김예지 국회의원이 주최한 '마음으로 울리는 하모니' 음악회에 초청되어, 처음으로 피아노 반주와 함께하는 무대를 경험했기 때문이다.

   강연이나 행사에서 첼로 연주를 해도 항상 독주였다. 소리를 듣지 못해 다른 연주자와 정확히 박자를 맞추기가 어렵기 때문이다. 선뜻 도전하지 못하고 혼자 연주하는 데 만족하고 있었다. 박연 선생님은 이종사촌형의 부인으로, 내게는 형수님이다. 작곡을 전공하시고 피아노 반주 경력만 20년이 넘는 전문 음악인이다. 내가 첼로를 연주한다는 소식을 듣고 언젠가 꼭 피아노 반주를 해주겠다고 하셨는데, 드디어 기회가 된 것이다.

   '미뉴에트 5번', '인생의 회전목마', 'You Raise Me Up'

등 세 곡을 연주했다. '인생의 회전목마'는 2023년 들어 처음 배운 곡으로, 그날 음악회에서 처음 선보였다. 내게는 너무 어려운 곡이었다. 포지션 이동도 잦고 손가락 번호와 위치도 잘 파악해야 했다. 왼손으로 손가락 위치를 익히다 보면 어느새 활을 잡은 오른손이 무뎌졌고, 활을 잘 긋는가 하면 또 왼손의 위치가 잘못되어 있었다. 연주를 일주일 앞두었을 때까지도 음정을 완벽하게 이해하지 못해 걱정스러웠다. 하지만 격주로 하던 레슨을 일주일에 한 번씩 하면서 꼼꼼하게 지도해주신 선생님 덕분에 드디어 곡을 제대로 이해할 수 있었다.

그 음악회는 국회에서 열린다는 점에서도 특별한 의미가 있었다. 멋지게 연주해 소중한 경험과 추억으로 남기를 바랐다. 연주회 날 리허설을 위해 무대에 올랐는데 형수님의 행동 하나하나가 나를 편안하게 했다. 첼로 튜닝부터 마이크 위치 조정 등 전에는 본 적 없는 프로 음악인의 모습에 마음속으로 감탄했다. 형수님이 자랑스러웠다.

지금까지 내 연주 경력에서 '마음으로 울리는 하모니'가 최고의 무대였을 것이다. 소리를 듣지 못하니 내 연주가 괜찮았는지, 형수님의 피아노 반주와 잘 어울렸는지, 사람들의 반응이 어땠는지 전혀 모른다. 하지만 이번 연주는 확실히 달랐다. 적어도 내가 느낀 진동이 나쁘지 않았다. 끝까지 활에 힘이 충분히 실린 것도 기뻤다. 그때까지는 곡 사이마다 마이크를 잡고 인사를 하거나 곡을 소개했지만 국회 공연에서는 연달아 세 곡을 연주해야 했다. 뒤로 갈수록 활에 힘이 빠져 마지막 곡인 'You Raise Me Up'은 고음을 제대로 낼 수 있을지 걱정했었다. 연주회에 동행했던 지인이 전해준 청중의 반응에도 감동했다. 마지막 곡을 연주하고 형수님과 함께 인사할 때는 기립박수를 치는 사람들도 있었다고 한다.

이 연주가 최고였다고 생각하는 결정적인 이유가 있다. 김영아 선생님의 칭찬이다. 평소에 선생님은 칭찬을 아끼는 편인데, 이날 연주 영상을 보시고는 전에 없이 기뻐하셨다. 무엇보다 선생님이 뿌듯해하시니 나도 기뻤다. 연습했던 대로 한 곡씩 연주하는데 선생님 생각이 많이 났다. 이 무대에 오를 수 있었던 것은 모두 선생님 덕이다. 물론 나도 열심히 했지만, 선생님의 지도가 아니었으면 그런 연주는 결코 못했을 것이다. 포지션 이동부터 음정과 박자 맞추기, 무대에서 주의해야 하는 제스처 등 작은 부분 하나까지도 세심하게 알려 주셨다.

적어도 내가 느끼기에 특별히 실수도 없었고, 끝까지 진동도 풍부하게 잘 전달된 것 같아서 아주 만족스러웠다. 그래서일까. 국회에서 연주를 마친 뒤 오래도록 여운이 남았다. 잘 해냈다는 안도감부터 앞으로 또 이만큼 연주할 수 있을까 하는 걱정까지 많은 생각이 떠올랐다 사라졌다.

언젠가는 선생님과 함께 무대에 서고 싶다. 박연 형수님이 무대에서 든든한 존재가 되어 주셨듯이, 김영아 선생님도 그렇게 해주실 수 있을 것이다. 무엇보다 내가 어떻게 연주하는지를 누구보다 잘 아시지 않는가? 그렇기에 내 연주에 '특화된' 반주를 해주시지 않을까 하는 기대감도 있다. 조금씩 경력이 다양해지면서 자신감도 한층 커졌다. 더 나은 연주, 더 좋은 연주를 위해 청년은 오늘도 첼로를 연주한다.

사람들의 반응이 궁금하다

조금씩 연주 활동의 폭을 넓혀갈 즈음, 대구시청에서 시민 대상 연주회를 열었다. 총 세 곡을 연주하면서 한 곡이 끝날 때마다 간단한 멘트를 넣은 미니 강연으로 진행했다. 평소처럼 첫 번째 곡을 연주하고 마이크를 잡았는데 문득 마음이 서글퍼졌다. 그때 청중이 300명이라고 했다. 연주를 시작한 뒤로 가장 많은 사람들 앞에 서 있었다. 무대 위에서 그 사실을 깨닫자 갑자기 너무나 궁금해졌다. 얼마나 많은 사람이 나를 보고 있을까, 얼마나 많은 사람이 내 연주와 이야기를 듣고 있을까?

시각장애인이나 청각장애인이 없다면, 무려 600개의 눈이 나를 보고 600개의 귀가 내 연주와 강연을 듣고 있을 것이다. 결코 적은 숫자가 아니다. 그 사람들이 한꺼번에 박수를 치면 소리가 엄청날 것이었다. 하지만 내게는 전혀 보이지도 않고 들리지도 않는다. 무대에 설 때도 제대로 보고 듣지 못하기 때문에 청중의 반응에 크게 개의치 않았지만, 300명이라는 숫자에 단단히 홀려버렸는지 그날만큼은 정말 반응이 궁금했다. '사람들이 연주에 맞춰 노래를 따라 불렀다', '연주가 끝날 때마다 박수가 터졌다'처럼 누군가 알려주는 게 아니라, 온전히 내 눈과 귀로 생생히 보고 싶고 듣고 싶었다.

베토벤은 소리를 듣지 못하게 된 뒤로도 계속 곡을 쓰고 연주를 했다. 오케스트라를 지휘해 감동적인 공연을 마친 뒤에도 박수 소리를 듣지 못해 가만히 그 자리에 서 있었다고 한다. 그 때 누군가 그를 돌려 세웠다. 그제야 기립박수를 보내는 청중을 볼 수 있었다. 하지만 난 시력에도 장애가 있기 때문에 청중의 모습조차 제대로 보기 힘들다.

지금까지 내 경력에서 가장 만족하는 국회 연주도 그랬다. 국회라는 장소가 주는 무게감, 독주만 하다가 처음으로 피아노 반주와 함께했다는 점, 중간에 멘트 없이 연달아 세 곡을 연주하는 구성 등 여러 가지로 의미 있는 도전이었다. 연주는 잘 끝났지만 청중의 반응은 종내 느끼지 못했다.

그 자리에 계셨던 분의 말로는, 연주가 한 곡씩 끝날 때마다 아주 큰 박수가 터졌다. 마지막 곡이 끝났을 때는 기립박수를 보낸 분들도 있었다. 연주 전에 소개가 따로 없었는데도 기립해서 박수를 칠 정도라면 충분히 내 연주를 이해하고 공감하고 감동했다는 뜻이리라. 하지만 난 그들을 전혀 보지 못했고 박수 소리도 듣지 못했다. 연주가 끝난 뒤에 전해 들었을 뿐이다. 씁쓸한 감정을 떨칠 수 없었다. 연주할 때마다 사람들의 모습을 보고 박수 소리를 들을 수 있다면 어떨까? 청중과 함께 느끼고 호흡할 수 있다면 어떨까? 박수 소리가 그치길 기다렸다가 여유 있게 다음 곡을 연주할 수도 있을 텐데. 어쩌면 국회에서는 박수가 아직 안 끝났는데도 다음 곡을 시작해 버렸을지 모른다.

앞으로 또 어떤 무대가 나를 기다리고 있을지 모른다. 더 큰 무대에서, 더 많은 사람 앞에서 연주하게 될 수도 있다. 그럴수록 더 궁금해질 것 같다. 무대에서 내려온 뒤에 전해 듣는 것이 아니라, 무대에 서 있을 때 사람들의 반응을 직접 보고 들으며 온몸으로 느끼고 싶은 것이다. 고백하건대 처음에는 사람들의 반응이 지금만큼 궁금하지 않았다. 내 소리를 스스로도 듣지 못하기 때문에 잘하는지 못하는지도 몰랐고, 활로 첼로의 줄을 켤 수 있다는 사실만으로도 충분히 기쁘고 만족했다. 하지만 김영아 선생님께 레슨을 받으면서 달라졌다. 진동이 더 묵직해지고 안정적으로 느껴진다는 사실, 전에는 어렵게만 생각했던 곡들을 자신 있게 연주해내고 있음을 느낄 때마다 듣는 사람은 어떻게 느끼는지 궁금해진 것이다.

  모든 연주자가 그렇겠지만 내 연주에도 스토리가 담겨 있다. 그 스토리는 나만의, '시청각장애인 첼리스트'만의 경험에서 비롯되었다. 그걸 느낀 사람은 박수든 기립이든 어떤 식으로든 표현하게 된다. 그걸 알고 싶은 것이다. 이 곡을 무대에서 연주하기까지 얼마나 많은 연습과 준비가 필요했을지, 어떤 마음을 담아 연주하는지 공감한다면 격려와 응원을 보내기 위해 사람들은 기립할 것이다. 그리고 박수를 칠 것이다. 그걸 보고 들으면 무대를 준비한 과정이 주마등처럼 스쳐 지나가며 감격과 감회에 젖지 않겠는가?

  내 연주가 무르익어 갈수록 더욱 궁금하다. 청중의 반응이.

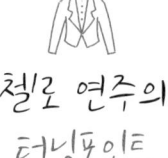

첼로 연주의
터닝포인트

  처음 첼로를 배울 땐 활로 줄을 그을 수 있다는 것만으로도 마냥 좋았다. 음정을 정확하게 짚었는지, 활로 다른 줄을 건드리지 않았는지도 모르고 그저 좋았다. 그래서 김영아 선생님을 만나기 전까지 내가 연주했던 곡은 딱 내 수준에 맞는 것들이었다. 그런데 김영아 선생님은 '포지션 이동'을 과감하게 시도하셨다. 첼리스트들이 연주하는 모습을 보면 왼손이 한 자리에 머무르지 않고 위아래로 계속 움직인다. 그게 포지션 이동이다. 더 세련되고 멋진 연주를 할 수 있지만, 내가 소리를 듣지 못하기 때문에 그때까지는 감히 시도하지 못했다. 첼로를 연주할 때 내 왼손은 항상 한 자리에 머물러 있었다.

  선생님의 시도 덕분에 첼로에 대한 이해와 연주의 깊이가 일취월장했다. 포지션 이동을 위해 지판에 스티커를 붙여도 빠르게 왼손을 움직이면서 스티커를 정확하게 짚기는 쉽지 않다. 게다가 선생님은 흰색 스티커를 검은색으로 바꾸셨다. 내 눈에는 갈색인 첼로 지판과 검은색 스티커가 비슷하게 보이기 때문에, 연주 중에 눈으로 보기도 어려워졌다. 그래서 포지션 이동을 배울 때 한동안 큰 고충을 겪었다. 왼손을 포지션 이동해서 미끄러지듯 내리며 음정을 정확하게 짚어야 하는데 그게 너무너무 어려웠다. 눈으로 위치를 확인하려면 스티커 색깔이 지판과 비슷하고, 감으로 위치를 찾으려고 하면 박자를 이탈했다. 한 시간 내내 포지션 이동만 연습한 적도 많다. 왼손을 아래로 내리며 '미'를 짚는다거나, 정확하게 '시'를 짚는 훈련을 수없이 반복했다. 참 쉽지 않았다. 틀리면 왼손을 위로 올려서 몇 번이고 다시 시도했다. '미'나 '시'를 정확히 짚지 않고 조금이라도 벗어난 곳을 짚으면 예쁜 소리가 나지 않았다.

너무 발전이 없으니 슬그머니 의구심이 고개를 들었다. '과연 이게 될까?' 마음속에서 두 가지 생각이 충돌했다. 굳이 포지션 이동을 해야 하나? 활로 현을 그을 수 있는 것만으로도 충분히 만족하잖아? 포기하고 그냥 지금 상태에 안주해도 되지 않을까? 또 다른 생각은 포지션 이동을 반드시 배워서 지금보다 더 어려운 곡도 연주할 수 있으면 좋겠다는 것이었다. 첼로 선생님이 정성으로 가르쳐주실 때

나도 욕심을 내서 열심히 배워보자!

꾹 참고 레슨을 받고 끊임없이 연습한 보람이 있어 이제는 자신 있게 포지션 이동을 할 수 있다. 너무나 뿌듯하다. 연주할 수 있는 곡이 크게 늘었기 때문이다. 포지션 이동을 모를 때는 'You Raise Me Up'은 1절만 연주하고 끝냈다. 이젠 조를 바꿔 2절도 연주할 수 있다. '인생의 회전목마'는 감히 쳐다보지도 못했는데, 포지션 이동을 배운 덕에 지금은 편안하게 연주한다. 이젠 선생님이 알려주지 않아도 기존 레퍼토리에 직접 포지션 이동을 적용해 연주한다. '10월의 어느 멋진 날에', '사랑으로', '숨어우는 바람소리' 등을 듣고 선생님도 굉장히 뿌듯해하셨다.

포지션 이동을 할 수 있게 되자 욕심이 생기고 꿈을 꾸게 되었다. 강연에 곁들여 연주하던 것에 그치지 않고 예술인으로서 본격적으로 연주회를 하는 꿈이다. 포지션 이동이라는 관문을 통과하면서 어렵게만 느껴지던 클래식 곡에도 과감하게 도전할 수 있게 되었고, 그만큼 선택의 폭이 넓어지면서 연주회를 열어도 될 것 같다는 믿음이 생겼다. 그래서 선생님께 메인 연주곡으로 선보일 만한 '어려운' 곡을 골라달라고 했다. 자이츠 협주곡 5번 1악장! 지금까지 접해본 곡 중에 그야말로 최고다. 가장 길고, 가장 어렵고, 가장 힘들다. 아이러니하게도 가장 재미있고 즐겁게 배운 곡이기도 하다. 한 곡 안에 무척 다양한 멜로디가 들어 있는데, 그것들을 연주하려면 걸맞은 테크닉이 필요하다. 첼로의 모든 기술을 다 배우는 게 아닌가 싶을 정도로 배우는 과정이 어렵고 힘들면서도 재미있고 즐거웠다.

마지막 부분에 16분음표가 계속 이어지며 질주하는 듯 연주해야 하는 부분이 특히 어려웠다. 이 부분에서 꼬이는 바람에 잘 하던 앞부분까지 실수하면서 레슨 중에 완전히 혼란에 빠진 적도 있다. 그럴 때 웃으면서 커피를 건네주던 선생님이 너무나 감사하다. 잘 하고 싶은 마음과 욕심을 충분히 이해하고 담담히 기다려주셨기 때문이다.

포지션 이동을 활용할 수 있게 되자 선생님은 비브라토를 배워보자고 하셨다. 비브라토는 '첼로의 꽃'이다. 포지션 이동이 왼손을 위아래로 움직이며 정확히 음정을 짚는 기술이라면, 비브라토는 음정을 짚은 왼손가락을 떨면서 아름답고 풍부한 소리를 내는 기술이다. 첼리스트들이 연주하는 모습을 보면 포지션 이동과 비브라토를 자유자재로 활용한다. 사실 비브라토를 알고는 있었지만 배우고 싶지는 않았다. 포지션 이동은 소리를 듣지 못해도 왼손을 움직이는 확실한 느낌이 있기에 성취감도 뚜렷했다. 반면 비브라토는 '떨리는' 소리가 난다는데, 그걸 듣지 못하니 선뜻 내키지 않았다. 왼손가락으로 비브라토를 해도 '떨리는' 소리가 나지 않으면 어쩔 것인가? 바삐 포지션 이동을 하느라 비브라토를 충분히 못하는 건 아닐까? 소리를 듣지 못하니 그조차 모를 것 아닌가?

하지만 선생님을 믿는다. 포지션 이동을 배울 때처럼 믿고 따르면 새로운 것을 배우고 첼로에 대해 더 알게 될 것을 믿는다. 선생님과 함께라면 왠지 비브라토와 포지션 이동을 마스터해서 멋진 연주를 하게 될 날이 금방 올 것 같다. 그간 스스로를 '첼리스트'라고 해도 좋을지 확신이 없었다. 난 전공자도 아니고, 취미로 첼로를 시작했다. 시청각장애가 있어서 내 연주 소리를 듣지 못하니 냉정하게 보면 아마추어 수준에도 끼지 못할 것이다. 그래서 자신 있게 '첼리스트 박관찬'이라고 소개하지 못했다. 하지만 포지션 이동을 배우고 클래식 곡에도 입문했다. 이젠 비브라토도 배울 것이다. 첼리스트라면 당연히 할 수 있어야 하는 기술을 하나씩 배우면서 첼로의 진정한 매력과 깊이를 알아가는 것 같다. 비브라토로 자신 있게 연주할 수 있을 즈음에는 부끄럽지 않게 '첼리스트 박관찬'이라고 소개할 수 있을까?

첼리스트로 가는 길, 첫 연주회

내 삶에서 2023년을 돌아본다면 생애 첫 연주회를 열었던 11월 24일을 맨 먼저 떠올릴 것이다. 첼리스트로서 본격적인 연주 활동을 하기에 앞서 레슨 방법과 내게 맞는 악보 제작 과정을 공유하고, 그동안 연습한 곡에 스토리텔링을 더해 "청년은 오늘도 첼로를 연주합니다"라는 타이틀로 연주회를 열었다.

생애 첫 연주회를 준비하면서 가장 중점을 둔 것은 '관객과의 호흡'이다. 강연 중 연주를 하면 사람들이 박수를 치는지, 내 연주를 따라 부르는지, 어떤 표정을 짓는지를 전혀 보고 듣지 못했다. 장애로 인해 어쩔 수 없는 일이니 반응이 궁금해도 개의치 않고 나대로 무대를 즐기며 연주했다. 청중의 반응은 나중에 동행한 사람이 알려주었다.

하지만 이번에는 첫 번째 정식 연주회다. 청중은 내 이야기와 내 연주를 들으러 온다. 반응이 궁금하지 않다면 거짓말이다. 물론 누군가 나중에 알려줄 것이다. 그래도 이번만큼은 직접 확인하고 싶었다. 그래서 떠올린 아이디어가 '야광 응원봉'이다. 연주회 장소인 삼모아트센터 라비니아홀에 사전 답사를 갔을 때, 지원 인력에게 객석 중앙에 앉아보라고 했다. 스마트폰의 손전등을 켜달라고 해서 내 시력으로 불빛을 무대에서 볼 수 있는지 시험했다. 충분히 볼 수 있었다. 그래서 관객 수만큼 야광 응원봉을 준비했다.

연주회를 하기 전에 SNS에 응원봉에 대한 글을 올렸다. 박수를 쳐도 못 들으니까 박수를 치고 싶을 때 응원봉의 불을 켜 달라고. 그걸 보고 내가 '관객들이 박수를 치는구나'라고 생각할 거라고. 첼로를 들고 무대로 걸어 나간 순간, 심장이 멎는 줄 알았다. 거의 모든 관객이 응원봉의 불을 켜고 있었다. 박수로 나를 맞이하고 싶은 마음을 표현한 것이다. 정말 고마웠다. 첫 번째 연주곡 '사랑은 늘 도망가'가 끝났을 때도 여기저기서 응원봉의 불이 켜졌다. 아이디어를 생각해낸 스스로를 칭찬해주고 싶었다.

두 번째 곡은 '인생의 회전목마'였다. 연주 중에 예상치 못한 음 이탈 실수를 했다. 선생님 말씀대로 멈추지 않고 끝까지 연주했지만, 돌아볼 때마다 두고두고 아쉽다. 메인으로 준비한 '자이츠 협주곡 5번 1악장'은 원래 어려운 곡이니 실수해도 어쩔 수 없다고 생각했지만, '인생의 회전목마'에서 실수하리라고는 상상도 못했다. 다음 곡인 'You Raise Me Up'은 무사히 마쳤다. 이 연주 뒤로 대구에서 올라온 '두리둥둥 난타'팀이 흥겨운 난타 공연을 선보였다. 초청 공연이 펼쳐지는 동안 대기실에 있었는데, 어느새 김영아 선생님이 오셔서 엄지손가락을 치켜 올리며 잘했다고 칭찬해주셨다. 그리고 첼로 음정을 다시 조율해주셨다. 선생님이 내 연주 현장에 오신 것은 처음이었다. 이 연주회를 위해 10월부터 매주 레슨을 하면서 신경을 많이 써주셨다. 날짜가 다가올수록 소리가 좋아지고 있다고, 잘 하고 있다고 격려하고, 당일에도 일찍 와 리허설을 도와주셨다. 정말 천사 같은 선생님이다.

연주회 2부는 연주곡마다 특별한 이야기를 준비했다. 먼저 엄마아빠와 함께 연주회에 온 아이들 이름을 부르며 응원봉의 불을 켜달라고 했다. 어디 앉아 있는지 확인하고 싶기도 했지만 아이들이 심심하지 않게 하려는 의도도 있었다. 아이들의 이름을 부른 후, 내가 어렸을 때 좋아했던 동요 '무궁화 동산'을 피아노로 치며 2부를 시작했다.

장애에 대한 이야기를 하면서 피아노 연주를 한 곡 더 했다. '아드린느를 위한 발라드'였다. 이 곡은 요즘 레슨받는 '쉼 뮤직스튜디오 음악연습실'에 그랜드 피아노가 있어서 시간이 될 때마다 연습했다. 완벽하게 연주하지는 못한 것 같지만, 이 곡이 만들어진 스토리에 의미를 두었다. 서로 사랑하는 남녀가 있었다. 남자는 전쟁에 나갔다가 한쪽 다리를 잃었다. 집에 돌아왔지만 차마 자신의 모습을 보여줄 수 없어서 여자에게 돌아가지 않았다. 시간이 흘러 사랑했던 여자가 결혼한다는 소식을 들었다. 축하해주려고 찾아갔는데, 여자와 결혼하는 남자는 두 팔과 두 다리가 없는 장애인이었다. 여자는 장애에 개의치 않고 사람됨을 보았던 것이다. 남자는 깊은 후회 속에 집으로 돌아가 울면서 이 곡을 썼다.

다음 곡은 고3 담임이셨던 한종섭 선생님께서 듣고 싶어 하셨던 'He'll Have To Go'를 준비했다. 연주 전에 선생님을 간단히 소개하고, 멀리 포항에서 와주신 선생님을 부르며 응원봉의 불을 켜달라고 했다. 내 첼로 연주를 직접 듣는 게 처음인 사모님께도 불을 켜달라고 해 위치를 확인하고 감사 인사를 드렸다.

다음 곡이 '자이츠 협주곡 5번 1악장'이었다. 마지막 매우 빨라지는 부분에서 실수를 했지만 끝까지 다 연주해냈다. 연주를 마치고 인사를 하는데, 모든 청중이 응원봉의 불을 켜서 환호했다. 가슴이 터질 것 같았다. 어렵고 힘들었지만 그만큼 재미있고 즐겁게 '자이츠 협주곡 5번 1악장'을 연습했던 시간이 떠올라 울음이 터지려는 걸 간신히 참았다.

앵콜곡으로는 '사랑으로'를 연주했다. 아쉬운 마음에 일부러 천천히 연주했는데, 나중에 사람들 이야기를 들어보니 청중이 연주에 맞춰 노래를 따라 불렀다고 한다. 사람들이 노래를 부르는 소리는 내가 들을 수 없고, 응원봉을 통해서도 확인하기 어렵다. 알았다면 노래를 부르기 쉽게 정상적인 빠르기로 연주했을 텐데. 앞으로는 어떤 방법으로 알 수 있을까?

연주회를 준비하면서 실수하는 것 외에 한 가지 걱정이 더 있었다. 연주회가 끝나고 로비로 나가 찾아주신 분들께 인사하는 것이 걱정이었다. 미리 신청을 받았으니 누가 왔는지 알고 있지만, 저시력이라서 누가 누군지 알아보지는 못할 텐데 어떻게 하지? 정말 쓸데없는 걱정이었다.

연주회가 끝나고 첼로를 잡고 서서 잠시 청중을 바라보는데, 아이들 몇몇이 앞으로 나와 내 손바닥에 '안녕'이라고 적었다. 아이들로 시작된 인사는 거의 모든 청중에게 이어졌다. 대부분이 무대로 와서 내게 인사를 건넸다. 차례대로 줄을 서서 누구인지 내 손에 적고 선물을 주고 함께 사진을 찍었다. 너무 고마웠다.

연주만 한 것이 아니라 마이크를 잡고 이야기를 나누며

진행한 첫 연주회. 정말 잊지 못할 경험이었다. 장애인이 접근 가능한 공연장을 아빠 빌리고, 문기통역과 이동역을 배치하고, 포스터와 리플릿을 제작하고, 연주할 곡을 골라 연습하고, 곡마다 담을 스토리를 구성하기까지 모든 과정이 머릿속을 스쳐 지나갔다. 그래도 '연주회'니까 가장 중요한 건 연주 실력일 것이다. 김영아 선생님은 연주회가 끝난 뒤 바로 새로운 클래식 곡을 네 곡이나 추천해주셨다. 안주하지 않고 더 열심히 할 동기를 주시는 선생님 덕분에 분명히 난 더 좋은 연주자가 될 것이다.

연주회 홍보 포스터를 SNS에 올리고 신청을 받을 때 공식 첫 신청자인 유하린 님(페이스북으로 알게 된 특수교사)은 이렇게 말했다. "박관찬 님은 '시청각장애인이 첼로를 연주한다'가 아니라, 인간으로서 목표를 설정하고 그것을 달성해가는 과정, 삶을 이뤄가는 과정을 통해 다른 사람들에게 다가가는 것 같아요." 내 생애 첫 연주회의 의미가 바로 이것이다. 시청각장애인으로서가 아니라 인간으로서 있는 그대로의 나를 세상에 이야기하는 것. 그 첫 무대였던 것이다.

스승의 은혜는 하늘 같아서

손들어!

    고등학교 3학년이 되었다. 3학년 12반. 첫날, 항상 그랬듯 새롭게 만난 담임선생님께 가서 말씀드렸다. "선생님, 저는 눈이 잘 보이지 않고 귀가 잘 들리지 않습니다." 선생님은 잠시 나를 쳐다보시더니 알겠다는 듯 고개를 끄덕이셨다. 그런데 초등학교 1학년부터 고등학교 2학년까지 열한 분의 담임선생님이 그랬던 것처럼 내 자리를 교실 맨 앞줄이 아니라 자유석으로 정하셨다. 나만 그런 것도 아니었다. 누구나 앉고 싶은 곳에 마음대로 앉아도 된다고 했다.

    11년 동안 교실 맨 앞자리가 지정석이었던 나는 자유석이라는 규칙도 기뻤지만, 무엇보다 다른 학생과 똑같이 대우받는다는 사실이 기뻤다. 평소 스쿨버스를 타고 일찍 등교했기에 앉고 싶은 자리를 마음껏 고를 수 있었다. 교실 뒷문에서 가장 가까운 자리를 내 자리로 정했다. 맨 앞자리에 앉으나 맨 뒷자리에 앉으나 칠판 글씨가 안 보이고 선생님 말씀을 못 듣는 것은 매한가지였다.

고3 담임선생님은 영어를 가르치셨는데, 수업 시간에 졸거나 딴짓하는 아이들의 집중력을 높이는 비법이 있었다. 불시에 이렇게 외치는 것이었다.

"손들어!"

그때는 얼른 두 손을 번쩍 들어올려야 했다. 가장 마지막에 손을 드는 사람은 앞으로 나가서 교탁 위에 엎드린 뒤 선생님께 등짝을 한 대 맞아야 했다.

첫 번째 영어 시간, 평소처럼 열심히 책을 보면서 공부하는데 짝이 팔을 툭툭 쳤다. 고개를 들어보니 응? 모두 두 손을 번쩍 들고 있었다. "손들어!"라는 외침을 듣지 못했던 나는 어안이 벙벙했다. 짝이 앞으로 나가라는 제스처를 보냈다. 영문도 모르고 우물쭈물 앞으로 나갔다. 선생님이 손짓하는 대로 책이 펼쳐져 있는 교탁 위에 엎드렸다. 선생님은 두 손으로 내 등을 한 대 때리셨다. 깜짝 놀랐다. 등짝을 맞고 나니 순식간에 상황 파악이 되었다. 단체로 두 손을 들어야 하는데, 나만 모르고 있다가 벌칙으로 등짝을 맞은 거였다. 그 순간 정말이지 너무너무 기뻤다.

11년 동안 단체로 벌을 서거나, 그 밖에 무엇을 하든 항상 열외였다. 장애인이라는 이유에서였다. 늘 장애를 이유로 특별한 '혜택'이나 '배려'를 받았다. 학급의 구성원임에도 동등하게 대우받은 적이 없다. 고3 담임선생님은 그렇지 않으셨던 거다. 자리를 정할 때도, '손들어!'에서도 장애를 이유로 배제하지 않으셨다. 3학년 12반 학생으로서 학급의 규칙을 동등하게 적용했다. '손들어!'에서 다른 선생님이었다면 나 빼고 가장 마지막에 손을 든 아이가 등짝을 맞았을 것이다. 그럼 그 애는 날 싫어했을 거다. '가장 마지막에 손을 드는 사람이 등짝을 맞는다'라는 규칙에 해당되는 사람은 분명 나인데도 자기가 등짝을 맞았으니까.

두 번째 영어 시간에 선생님은 또 '손들어!'를 했다. 이번에도 내가 걸렸다. 선생님의 "손들어!"라는 목소리를 듣지 못하니까 손을 들어보지도 못한다. 이번에도 선생님은 나를 앞으로 나오게 해 등짝을 때리셨다. 정말 기분이 좋았다. 벌로 등짝을 맞고도 이렇게 기뻐하는 사람이 세상에 또 있을까? 하나도 억울하지 않았다. 고3이 되어서야 비로소 한 학급의 구성원이 되었다는 느낌이 들었다. 그렇게 영어 시간만 되면 앞으로 나가서 등짝을 맞았다.

그날도 선생님은 '손들어!'를 하셨다. 나는 등짝을 맞기 위해 당당히 앞으로 나갔다. 교탁 가까이 다가가는데 불쑥 친구 하나가 앞으로 나왔다. 나중에 들었는데 그는 이렇게 말했다고 한다.

"선생님, 제가 관찬이 대신 등짝을 맞겠습니다."

잠시 우리를 번갈아 보던 신생님은 나를 지리에 들어가라고 손짓하시고 그 친구의 등짝을 한 대 때리셨다. 자리로 들어가면서 나 대신 등짝을 맞는 것을 보고 또 어안이 벙벙했다. 이건 무슨 상황인가? 자리에 들어와서 짝에게 왜 쟤가 등짝을 맞느냐고 물어보니, 나 대신 맞겠다고 했단다. 너무 고마웠다. 쉬는 시간에 그에게 가서 고맙다고 했더니 괜찮다고 했다. 그날부터 우리는 친구가 되었다.

다음 영어 시간에 선생님이 또 '손들어!'를 했다. 나는 등짝을 맞기 위해 앞으로 나갔다. 교탁 가까이 다가갔을 때 이번에는 다른 친구가 불쑥 앞으로 나왔다. 그도 선생님을 향해 말했다.

"선생님, 제가 관찬이 대신 등짝을 맞겠습니다."

선생님은 약간 놀란 표정을 지으셨지만 이내 여유를 찾았다. 역시 나는 들어가라 하시고 그 친구가 나 대신 등짝을 맞았다. 이쯤 되니 상황 파악이 되었다. 쉬는 시간에 그에게 가서 고맙다고 하고 친구가 되었다.

영어 시간에 '손들어!'를 할 때마다 나 대신 등짝을 맞겠다는 친구들이 뒤를 이었다. 친구가 늘기 시작했다. 고3이 되어서야 비로소 소속감을 느끼고 친구들도 사귀게 되어 학교 생활이 즐거워졌다.

어느 날 영어 시간에 평소처럼 책을 보면서 공부하다가 스트레칭을 하기 위해 허리를 펴고 고개를 들었다. 마침 선생님도 이쪽을 보고 계셨다. 내가 고개를 들자 선생님은 뒤돌아서 칠판에 무언가를 적기 시작하셨다.

"손들ㅇ-"

난 맨 앞자리에 앉아도 칠판의 글씨가 보이지 않는다. 그런데 뒷자리에 앉은 내가 보기에도 충분히 알아볼 수 있을 정도로 칠판 가득히 글자를 적으셨다. 그러니까 '손들어'를 완성하기까지 작대기(ㅣ) 하나만 남겨둔 채 선생님은 다시 수업을 진행하셨다.

얼마나 시간이 흘렀을까? 선생님은 칠판에 'ㅣ'를 그어 '손들어'를 완성하셨다. 계속 칠판을 보고 있던 나는 얼른 두 손을 번쩍 들었다. 처음으로 내가 마지막이 아닌 '손들어!'였다. 책을 보느라 칠판을 보지 못한 학생이 걸렸다. 그가 등짝을 맞기 위해 앞으로 나갔을 때 얼른 나도 달려 나갔다.

"선생님, 제가 대신 맞겠습니다."

이것이 현재 대한민국에 진정 필요한 통합교육의 모습이 아닐까? 장애 학생을 무조건 배려하거나 특별한 혜택을 주는 게 아니라, 학급의 한 구성원으로 동등하게 대우하고 있는 그대로 받아들이는 것. 선생님의 장애에 대한 인식 덕분에 비장애 학생들은 어떻게 하면 내가 등짝을 맞지 않을 수 있을지 스스로 생각했다. 그 결과 난 친구들이 생겼고, 나중에는 선생님의 아이디어로 다른 학생 대신 둘짝을 맞을 기회도 잡았다.

'끝이 좋으면 모두 좋은 것이다'라는 말이 있다. 초등학교 1학년부터 고등학교 2학년까지 11년 동안 힘든 일도 많았지만, 고등학교 3학년 12반에서 보낸 시간으로 인해 학창생활 전체를 즐겁게 추억할 수 있다. 내 삶을 크게 두 부분으로 나눈다면 고등학교 3학년 전과 후로 나눌 수 있을 것이다. 그만큼 한종섭 선생님은 내게 큰 영향을 주셨다.

읽고 또 읽는
선생님의 메일

고3 담임과 학생으로 만난 뒤 20년 가까이 우리의 주요 소통 방법은 필담이었다. 지금은 손바닥 필담을 선호하지만, 그때는 이 방법을 몰랐다. 그래서 내가 볼 수 있을 만큼 큰 글씨로 종이에 적어서 소통했다.

선생님은 쉬는 시간이나 상담 시간에 종종 나를 교무실로 부르셨다. 사실 난 중학 때부터 거의 말을 하지 않고 지냈다. 쉬는 시간에 수다를 떨 친구도 없었고, 체육 시간에 축구나 농구도 함께하지 못했다. 수업 중에 모두 돌아가며 발표를 해도 내 차례가 되면 건너뛰었다. 선생님들은 내가 말을 못 하는 줄 알았는지, 아니면 그저 장애인이기 때문인지 발표할 기회를 아예 주지 않았다. 배려라는 이름으로.

한종섭 선생님도 처음에는 그렇게 생각하셨던 것 같다. 대신 내게 하실 말씀을 A4 용지에 적고 내가 대답할 수 있도록 펜을 주셨다. 필담으로 선생님과 이야기하기 시작했다. 하지만 학교에서의 쉬는 시간이 짧아 길게 이어지지 못했다. 말로 하는 대화와 달리 필담은 글로 적고 읽느라 시간이 금방 지나간다.

  선생님은 이메일을 제안하셨다. 꼭 학교 생활과 관련되지 않더라도 그냥 하고 싶은 이야기를 이메일로 보내라고 하셨다. 그야말로 '신의 한 수'였다. 태어나서 처음 받은 조기교육이 '글짓기'였다. 장애가 생기면서 또래와 어울리기 힘들어지자 책을 가까이했다. 글짓기와 풍부한 독서 덕분에 메일처럼 분량 제한이 없는 공간에서라면 하고 싶은 이야기를 마음껏, 자연스럽게 표현할 자신이 있었다.

  선생님과 이메일로 많은 이야기를 나누었다. 지금도 우리는 이메일로 소통한다. 선생님이 해주시는 말씀들이 너무 좋다. 주옥같이 귀한 말씀을 들려주시는가 하면, 고민이 생겼을 때 현명한 결정을 내릴 수 있도록 냉정하면서 부드러운 조언도 아끼지 않으신다. 솔직히 혼자 보기에 너무 아깝다.

  고등학교 3학년 때도 책을 가까이했다. 선생님도 책 읽기를 좋아한다고 하셨다. 그때 김하연의 '국화꽃향기'를 재미있게 읽었다. 선생님도 읽어보고 싶다고 하셔서 책을 빌려드렸다. 그리고 메일로 해주셨던 말씀이 아직도 기억에 남는다. 승우('국화꽃향기'의 남자 주인공)의 순수한 영혼이 나를 닮은 것 같다고. 마지막에 승우가 포항에서 죽는데 승우의 영혼을 만나볼 겸 포항 앞바다로 나가보기도 하셨다고.

이렇게 메일로 다양한 이야기를 나눴던 게 지금까지 관계가 이어지는 밑거름이 되었다. 졸업 후에도 메일로 선생님께 꾸준히 소식을 전했다. 첫사랑처럼 꿈같은 이야기와 이별 후 힘들었던 이야기, 장학금을 받거나 취업에 성공한 것처럼 기쁜 이야기도 늘 선생님께 먼저 들려 드렸다. 선생님은 항상 공감과 함께 경험을 곁들인 다양한 조언을 아낌없이 해주셨다.

선생님의 메일은 몇 번씩 다시 읽는다. 어떤 마음으로 쓰셨는지, 무슨 말씀을 하시는지 한 번만 읽어도 알지만, 읽고 또 읽는다. 그때마다 곳곳에 담겨 있는 사랑을 느끼며, 초심을 잃지 말고 열심히 살자고 다짐한다. 정신없이 바빠 한동안 선생님께 안부를 전하지 못한 적도 있다. 먼저 보내주시는 안부 메일이 눈물겹게 반가웠다. 일과 학업에 치여 내 몸 하나 돌볼 겨를도 없이 시간이 흘러갈 때 선생님의 메일은 가뭄에 단비 같았다. 지친 마음을 추스르고 힘을 내 다시 일어날 수 있었다.

요즘도 장거리를 여행할 때는 스마트폰으로 선생님이 보내주셨던 메일들을 찾아서 읽곤 한다. 과거에 내가 처했던 상황과 그때 선생님이 어떤 조언을 해주셨는지 돌아보고, 결국 내가 어떤 결정을 했는지도 떠올린다. 삶에서 중요한 결정을 해야 할 때 선생님의 조언이 얼마나 큰 도움과 힘이 되었는지 새삼 깨닫는다.

장애인식 개선교육 강사로 활동하게 되었을 때 선생님이 이런 말씀을 하셨다. 교사처럼 같은 학생들을 계속 만나지는 않지만 강사도 가르치는 직업인 건 같으니 학생들에게 긍정적이고 선한 영향력을 주었으면 한다고. 그 가르침을 따르기 위해 지금도 노력한다. 선생님께서 해주신 이야기를 강연에 활용하기도 한다. 선생님의 말씀이 접목되면 뿌듯한 성취감을 느낄 만한 강연이 완성된다. 듣는 분들께도 울림이 있을 것이라고 확신한다.

우리는 세상을 살면서 수많은 사람을 만나고 헤어진다. 난 억수로 운이 좋아 선생님을 만났다. 선생님의 가르침이 아니었으면 나는 어떻게 되었을까? 지금 내 인생 최고의 책은 '국화꽃향기'가 아니라 히가시노 게이고의 소설 '나미야 잡화점의 기적'이다. 선생님이 계시는 학교에 처음으로 나를 장애인식 개선교육 강사로 초청하셨을 때, 강연이 끝나고 선물로 주셨다. 책을 읽으며 다양한 인연과 스토리가 톱니바퀴처럼 절묘하게 맞물리는 전개에 연신 감탄했다. 저자는 따로 있지만 이렇게 좋은 책을 읽게 해주신 분은 다름 아닌 선생님이다.

   고3 때부터 차곡차곡 쌓인 메일들. 언젠가 또 책을 출간할 기회가 생긴다면 선생님과의 메일을 책으로 정리해보고 싶다.

이번에는 진짜 상 받는다

 초등학교 졸업식을 앞두고 6학년 전체가 학교 급식소에 모였다. 졸업식 예행 연습을 위해서였다. 아무 생각 없이 아이들을 따라 자리에 앉았다. 개회식과 국민의례는 평소 학급회의에서도 했던 것이라 아이들이 자리에서 일어나면 따라 일어나고, 애국가를 부르면 따라 부르고, 오른손을 가슴에 얹으면 그렇게 해야 한다고 짐작했다.

 이윽고 6학년 3반 담임 선생님이 앞에 나가 졸업식 때 상을 주는 교장 선생님 역할을 대신했다(난 6학년 2반이었다). 상을 받게 될 학생 몇몇의 이름이 불렸다. 옆에 있던 아이가 날 툭툭 치면서 앞으로 나가라고 했다. 나도 이름이 불린 것이다. 전혀 예상하지 못한 일이라 깜짝 놀랐다. 얼른 달려나갔다. 다섯 명이 앞에 나왔는데, 내가 대표로 상을 받는 시나리오였다. 선생님이 엉거주춤 서 있는 날 더 앞으로 나오게 했다. 그리고 상장처럼 생긴 걸 건네셨다. 나는 최대한 공손한 태도로 상장을 받고 인사도 했다. 우리 다섯은 뒤돌아서서 학생들을 향해 인사하고 자리로 돌아왔다.

다섯 명이 앞으로 나가 내가 대표로 상 받는 연습을 한 번 더 했다. 3반 선생님은 내가 앞으로 나올 때와 상 받을 때의 태도가 마음에 안 들었나 보다. 달려 나오지 말고 '걸어서' 나오라고 하셨다. 상장도 공손하게 잘 받았다. 적어도 난 그렇게 생각했다. 다음날 졸업식 연습을 한 번 더 했다. 그런데 대표로 상을 받는 사람이 내가 아닌 다른 학생으로 변경되었다. 무척 마음이 상했다. 처음 연습했던 날 집에 가서 앞에 나가 상 받는다고 한껏 자랑했는데. 부모님도 큰 기대를 안고 오실 텐데.

상 받는 사람을 변경한 이유는 아무도 알려주지 않았다. 3반 담임 선생님은 6학년 전체 체육을 담당하셨다. 체육 시간마다 뭐가 맘에 안 드는지 날 혼낼 때가 많았다. 그래서였을까? 내가 대표로 상을 받는 게 탐탁지 않아 바꾼 걸까? 어쨌든 초등학교 졸업식은 썩 유쾌하지 않은 기억으로 남았다.

6년 후, 고등학교 졸업식이 다가왔다. 초등학교는 6학년이 총 세 반이었는데, 고등학교는 13반까지 있었다. 그렇게 많은 학생이 함께 졸업하는 자리에서 대표로 상을 받게 되었다. 무슨 상인지는 잘 기억나지 않지만, 앞으로 나가서 상을 받는다는 것은 틀림없었다. 졸업식 날짜가 다가오면서 괜히 초등학교 졸업식 때의 기억이 떠올랐다. 또 다른 학생으로 변경될까봐 가족에게도 선뜻 졸업식 때 앞에 나가서 상을 받는다고 이야기하지 못했다.

하지만 이번에는 달랐다. 다른 누구도 아닌 내가 자랑스럽게 앞으로 나가 상을 받았다. 한종섭 선생님은 졸업식뿐만 아니라 학교 생활 중 내가 알아야 할 일이 있을 때는 항상 설명해주셨다. 졸업식 때 대표로 상을 받는 것에 대해서는 다른 학생에게 주자는 의견도 있었지만, 내신 성적이 우수하다는 등 여러 가지 사정을 종합해 내가 받기로 결정되었다고 하셨다. 13개 학급을 대표해서 상을 받는다는 사실이 믿기지 않았다. 이번에는 변경되지도 않았고, 무엇보다 왜 대표로 상을 받는지 설명도 들었다. 졸업식 전날 가족에게 상을 받는다고 이야기했다. 앞에 나가서 상을 받을 때 아빠가 가까이서 사진도 찍어주셨다.

초등학교 졸업식 때의 아쉬움을 말끔히 지울 수 있었다. 초등학생 때는 아무도 설명해주지 않았다. 하지만 고등학교 졸업식 때는 상을 받는 명확한 이유와 내가 대상자로 선정된 과정을 자세히 들었다. '알 권리'가 이렇게 중요한 것이다. 한종섭 선생님은 항상 '알 권리'를 충분히 보장해주셨다. 상담 시간에 교무실로 가면 컴퓨터에 내가 볼 수 있을 만큼 큰 글씨로 타이핑해 설명해주시고, A4 용지를 한 아름 가져와서 검은 사인펜으로 적어주시기도 했다. 시간이 부족하면 야간 자율 학습 시간에 따로 불러 궁금증을 풀어주셨다.

초등학교 졸업 때는 어려서 상황을 잘 이해하지 못했을 수도 있다. 하지만 어떻게 해야 하는지 알려줬다면, 또 변경하더라도 그 이유를 알려줬다면 어땠을까? 기분이 그렇게 나쁘지는 않았을 것이다. 아무리 나이가 어리다고 해도, 교사들끼리 결정하고 당사자에게 알려주지도 않는 방식은 피해야 한다. 그래서 선생님이 나와의 소통을 애써 챙겨주신 것이 더욱 감사하다. 덕분에 졸업식이 아름다운 추억으로 남았다.

선생님은 나중에 내가 법학석사 학위를 받은 날에도 와주셨다. 학위수여식을 마치고 선생님께 직접 석사모를 씌워드렸다. 참 많은 생각이 떠올랐다. 선생님의 메일에는 어떤 책 못지않게 주옥 같은 말씀이 가득하다. 그런 가르침을 마음에 새기고 실천했기에 법학석사 자리에까지 올 수 있었다. '졸업식' 하면 항상 선생님이 먼저 떠오른다. 날 가르쳐 주신 선생님, 정말 감사합니다.

나쁜 습관을 버리려면

 내 고향은 포항이다. 언젠가 며칠 내려가 있을 때 선생님과 식사를 함께했다. 한식 뷔페에 자리를 잡은 뒤 음식을 담으러 가는데 선생님이 내 손에 글을 적어 주셨다.
 "음식 종류 알려줄까?"
 "네, 감사합니다."
 선생님은 음식이 차려진 곳을 한 바퀴 돌면서 하나하나 내 손에 적어 주셨다. 내가 먹겠다고 하면 정성스럽게 음식을 내 접시에 담아주셨다. 두 번째 접시부터는 대화를 나누며 천천히 먹었다. 내 접시가 다 비워지자 습관처럼 숟가락과 포크를 뒤집어서 빈 접시의 양쪽에 걸쳐 놓았다.
 그걸 본 선생님이 할 말이 있다고 하셨다. 노파심이라는 전제를 붙이셨지만 꼭 하고 싶은 이야기라고 했다. 난 수저와 빈 접시를 한쪽으로 밀어 놓고 손을 앞으로 내밀었다.

손바닥에 글로 적기에는 상당히 긴 내용이었지만 내내 집중했다.

    옛날에 스님이 먼 길을 가다가 해가 져서 어느 농가에 하룻밤 묵기를 청했어. 가난한 농부였지만 정성껏 저녁도 차려주었지. 고마워서 농부의 인상을 보니 큰 부자가 될 상이었어. 그런데 그렇게 가난하게 사는 것이 이해가 가지 않았어.

    다음 날 스님은 하루 더 묵어가게 해달라고 했어. 복을 찾아주고 싶었던 거야. 일하는 모습, 밥 먹는 모습, 심지어 화장실에 볼일 보러 가는 모습까지 완벽히 부자의 상이었지. 그런데 밤에 잠을 자려는데 갑자기 이상한 기운이 느껴지는 거야. 자고 있는 농부의 방에 들어가 보니 자면서 엄지발가락을 계속 떨고 있었어. 그 떨고 있는 엄지발가락에서 나쁜 기운이 뻗어 나왔지. 스님은 뒤채로 가서 작두를 가져와 농부의 엄지발가락을 잘라버리고 도망쳤어.

    몇 년 후 스님은 다시 그 농가를 찾았어. 농부의 집은 온데간데없고 으리으리한 기와집이 들어서 있었지. 스님은 또 하루 묵어가게 해달라고 청했어. 그 집 하인이 차려준 밥을 먹고 있는데, 농부가 나와서 스님을 보더니 마구 때리는 거야. 스님은 저항하지 않고 때리는 대로 다 맞았어. 농부의 화가 가라앉기를 기다려 자초지종을 설명했지. 그제야 농부는 모든 걸 이해하고 스님을 정성스럽게 대접했단다.

선생님이 내 손바닥에 글을 적어 주시다가 잠깐 손을 쉬려고 흔들었다. 난 몸을 일으켜 선생님 곁으로 자리를 옮겼다. 그러면 건너편까지 팔을 뻗지 않아도 되기 때문이다. 이야기의 핵심은 나쁜 습관을 빨리 고치라는 것이다. 식사가 아직 끝나지 않았는데 숟가락과 포크를 뒤집어서 접시에 걸쳐 두는 건 '더 이상 식사하지 않는다'라는 뜻이므로 좋은 습관이 아니라는 것이다.

이야기 자체도 좋았지만 처음부터 끝까지 정성껏 손바닥에 적어주신 것이 더 좋았다. 긴 이야기를 손바닥이라는 제한된 공간에 한 글자 한 글자 적는다는 건 결코 쉬운 일이 아니다. 곁으로 자리를 옮기자 선생님은 왼손으로 내 손을 받치고 오른손으로 글자를 적으셨다. 제자가 나쁜 습관을 고치도록, 바르게 사회생활을 하도록 들려주신 그 이야기는 노파심에서 나온 것이 아니었다. 선생님이기 때문에 할 수 있고, 해야 하는 이야기였다.

선생님의 말씀에 담긴 힘을 누구보다 잘 알기 때문에 단 한마디에도 감동할 때가 있다. 구직 초기에 이력서와 자기소개서를 100통 넘게 보냈지만 한 번도 서류 전형을 통과하지 못했다. 그러다 2019년 〈함께걸음〉 기자 채용에서 면접까지 보고 최종 합격했을 때, 누구보다도 선생님께 먼저 알려 드렸다. 그때 선생님이 보내주신 문자는 아직도 생생하다.

"축하해! 그동안 정말 고생 많았어."

내가 고3 이후 걸어온 파란만장(난 이렇게 표현하고 싶다)한 삶은 선생님이 가장 잘 아신다. 자주 뵙지는 못해도 메일을 통해 많은 이야기를 주고받았고, 그때마다 건네신 조언과 격려가 큰 힘이 되었다. 그래서 최종 합격했을 때 선생님의 문자를 보고 울컥해 눈물이 솟았다.

이제 난 수저를 접시 위에 뒤집어서 걸쳐 두지 않는다. 이야기 속의 농부처럼 나쁜 버릇을 없앤 것이다. 이제 큰 복이 오려나? 그렇게 긴 이야기를 해주신 선생님께 어깨도 주물러드리지 못했다. 다음에 만났을 때는 꼭 시원하게 어깨를 주물러 드려야겠다.

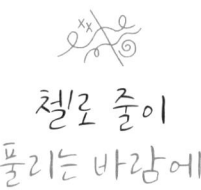

첼로 줄이
풀리는 바람에

　장애인식 개선교육 강사 자격증을 따고 처음 강연한 곳은 다름아닌 선생님이 계신 학교였다. 첼로를 배우고 강사 자격을 딴 것을 누구보다 먼저 아셨던 선생님은 어느 좋은 봄날 포항 동지여자중학교로 나를 초청하셨다. 강연도 첼로 연주도 선생님 앞에서는 처음이었다. 열심히 준비해 간 덕에 강연은 스스로 생각하기에 괜찮은 것 같았다. 연주곡으로는 '스승의 은혜'와 'Can You Feel The Love Tonight'를 선택했다.

　그 뒤로도 선생님은 해마다 나를 초청해주셨다. 같은 내용으로 강연할 수는 없기에 매번 고민하고 구상하면서 발전시켜 나갔다. 2020년 12월 겨울 어느 날을 잊지 못한다. 선생님께서 이듬해 정년퇴임을 앞두고 마지막으로 나를 초청하셨다. 최고의 모습으로 아름다운 추억을 남기고 싶었다. 만반의 준비를 하고 갔다.

 일찍 도착해서 리허설을 하려고 케이스를 열고 첼로를 꺼냈다. 심장이 철렁 내려앉았다. 가장 낮은 음인 '도' 줄이 완전히 풀려 있었다. 줄이 약간 풀렸다면 스마트폰의 음정 조율 어플을 활용해 작은 조리개로 직접 조율할 수 있다. 하지만 완전히 풀려 버리면 큰 조리개를 써야 하는데, 소리를 듣지 못하는 내게는 무리다. 무턱대고 큰 조리개를 감았다가는 줄이 끊어질 수도 있다.

 마음을 가라앉히려고 심호흡을 했다. 가장 덜 쓰는 '도' 줄만 풀렸으니 연주는 가능하리라. 그런데 맙소사! 약속이나 한 듯 나머지 세 줄도 스르르 풀려 버리는 게 아닌가. 추운 겨울날 밖에 있다가 히터가 빵빵 나오는 따뜻한 곳으로 들어오니 현이 민감하게 반응해 저절로 풀린 것이다. 머릿속이 하얘졌다. 내가 듣지 못한다는 사실이, 장애가 있다는 사실이 갑자기 생생해졌다. 이렇게도 해보고 저렇게도 해보면서 첼로 줄을 어느 정도 감아 놓고 스마트폰의 음정조율 어플을 켰다. 그때마다 줄은 다시 스르르 풀려 버렸다. 나를 비웃기라도 하듯.

 할 수 있는 일이 아무것도 없었다. 선생님께 죄송했다. 강연뿐 아니라 연주도 멋지게 해서 이만큼 내 실력이 늘었다는 걸 보여드리고 싶었는데 너무 속이 상했다. 상황을 더듬 더듬 설명했다. 선생님은 괜찮다고 하셨지만 난 전혀 괜찮지 않았나. 연주 대신 유튜브에서 내기 연주했던 영상을 찾아 학생들에게 보여주었다. 그래도 아쉬워서 견딜 수가 없었다. 계속 연습하고 레슨을 받으면서 실력이 늘었는데, 학생들에게 보여준 영상은 한참 전에 찍었던 거라 개인적으로 마음에 들지 않았다.

그날은 세 학급에서 연달아 강연했다. 연주를 하지 못해 첫 번째 시간이 조금 아쉽게 마무리되었지만, 두 번째 시간부터는 마음을 가라앉히고 학생들을 만날 수 있었다. 문득 교실 뒤편에 앉아 계시는 선생님이 눈에 들어왔다. 가슴속에서 무언가 뜨거운 것이 올라왔다. 두 눈에 눈물이 그렁그렁 고였다. 울음이 터지려는 걸 간신히 참았다. 잘못하면 평생의 한(恨)으로 남을 것 같았다. 선생님이 초청해주신 마지막 강연인데 준비한 걸 온전히 보여드리지 못하고 들려드리지 못하다니! 차라리 실수를 했다면 덜 억울할 것 같았다. 첼로 줄이 풀린 건 내가 어떻게 할 수 없는 일이라 더 안타까웠다.

지금도 그때를 생각하곤 한다. '만약에' 준비했던 강연과 연주를 모두 성공적으로 마쳤다면 어땠을까? 열심히 준비한 보람을 느꼈을 테고, 정년퇴임을 앞둔 선생님께도 좋은 추억으로 남았을 것이다. 학생들에게도 더 좋은 교육이 되지 않았을까? '만약에'는 이뤄지지 못했다. 동행했던 활동지원사께서 선생님이 나를 자랑스러워하셨다고 전해주었다. 첼로 연주는 없었지만 충분히 좋은 강의였다고, 선생님께도 충분히 좋은 추억이 되었을 거라고 위로해주었다. 하지만 그 일로 인해 겨울 연주에 대한 두려움이 생겼다.

겨울이면 대부분의 실내 공간에 난방이 가동된다. 그때처럼 추운 곳에 있다가 따뜻한 곳에 들어와 주변 기온이 갑자기 변하면 케이스에서 첼로를 꺼낼 때부터 온통 신경이 쓰인다. 중요하지 않은 강의나 연주가 없지만, 선생님이 정년퇴임 전 마지막으로 초청해주신 강의는 내게 남다른 의미가 있었기에 더욱 아쉽다. 그 일이 있은 뒤 스스로 음정을 조율할 수는 없는지 첼로 선생님께 여쭤보았다. 작은 조리개로 스마트폰 어플을 보면서 조율하는 건 가능하지만, 줄이 완전히 풀렸을 때 큰 조리개를 감으면서 음정을 조율하는 건 귀로 들을 수 있어야 한다고 하셨다. 귀로 들으며 큰 조리개를 어느 정도 감은 다음, 어플을 보면서 작은 조리개로 음정 조율을 하는 게 자연스럽기 때문이다.

아무튼 그날 이후 강연할 때마다 늘 마음 한구석이 허전한 느낌이었다. '손들어!' 이야기는 내 강연의 하이라이트라고 해도 과언이 아닌데, 선생님 이야기를 할 때마다 그날 연주하지 못했다는 사실이 자꾸 떠올랐다. 그래서 간절히 소망했다. 언젠가 선생님께 꼭 첼로 연주를 들려드리겠노라고. 그것도 선생님이 직집 고르신 곡으로.

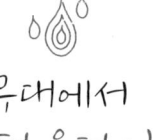

무대에서
펑펑 울던 날

내 강연의 주제가 '장애인식 개선'이나 '장애 이해'일 때는 꼭 '손들어!' 이야기를 들려드린다. 그것도 분위기가 절정일 때 꺼낸다. 첼로 줄이 풀린 이야기도 함께 하곤 한다. 2021년부터 교사 대상 강연이 부쩍 늘었다. 페이스북에서 평소 소통하고 지내던 특수교사의 초청과 후기가 공유되면서 연결되기도 했다. 그러다 나와 선생님의 사연을 알게 된 한 분이 후배 교사에게 내가 선생님 앞에서 강연과 첼로 연주를 할 기회를 만들어 주자고 제안했다.

선생님은 2022년 '퇴임 후 과정'으로 경북 영주에 있는 한 고등학교에 계셨다. 마침 그해 10월 안동 특수교육지원청에서 날 연수 강사로 초청했다. 유치원부터 고등학교까지 경북 북부지역 교사들을 대상으로 연수를 준비한다고 했다. 나중에 알았지만 연수 장소인 안동 연명학교는 선생님이 교사로서 첫 발령을 받은 곳이었다. 의미 있는 장소에서 한층 좋아진 강연과 첼로 연주를 선생님께 들려드릴 수 있는, 그야말로 놓칠 수 없는 기회가 주어진 것이다.

서울에서 안동까지 첼로를 가져가기는 쉽지 않았는데, 김명희 밀알복지재단 이사님이 차량으로 도와주셨다. 평소 날 응원해주고 자주 함께했던 윤하원 수어통역사도 동행해주었다. 두 분이 도와주신 덕에 편한 마음으로 안동에 갈 수 있었다. 연수 장소에 도착해 선생님께 인사를 하는데 괜히 떨렸다. 2020년 겨울 첼로 줄이 풀려 연주를 못 한 게 정말 아쉽다고 강연마다 이야기했던 걸 만회할 기회가 온 것이다. 열심히 준비한 만큼 잘 할 수 있을 것 같았지만, 마음 한편으로는 살짝 부담도 되었다.

선생님은 내 첼로로 들어보고 싶은 곡이 있다고 하셨다. 짐 리브스의 'He'll have to go'는 선생님의 휴대폰 벨소리였다. 김영아 선생님께서 레슨해주셨다. 내가 즐겨 연주하는 'Can You Feel The Love Tonight'도 함께 준비했다. 두 곡을 통해 그동안 선생님과의 인연을 추억하고 싶었다. 강연 중간중간에 첼로 연주를 끼워 넣었다. 가을이기에 첼로 줄이 풀릴 염려도 없었다. '손들어!' 이야기를 하는데 갑자기 가슴이 울렁거렸다. 점심 먹은 게 체했나? 아니었다. 주인공인 선생님이 지금 어딘가에서 나를 보고 계신다는 사실, 그리고 2년 넘게 마음속에 담아두었던 아쉬움을 드디어 풀고 있다는 사실에 가슴이 벅찼다.

사실 '손들어!' 이야기를 한 뒤, 선생님이 신청한 곡을 연주할 때 앞으로 모시고 싶었다. 연수에 참여한 분들께도 감동적인 모습을 보여드릴 수 있고, 내게도 좋은 추억으로 남을 것 같았다. 연수를 준비한 분도 'TV는 사랑을 싣고'가 연상되는 뭉클한 순간일 것 같다고 했다. 그런데 선생님께서 원치 않으셨다. 그것은 물론 가슴 따뜻한 순간이겠지만 남들 앞에서 우리의 인연을 드러내고 싶지는 않으신 것 같았다. 우리만의 아름다운 추억으로 간직하자고 하셨다. 선생님의 말씀이기에 그러겠노라고 했다.

막상 강연을 진행하면서 선생님과 함께하는 시간을 갖지 못한 채 마무리해야 한다는 사실이 못내 아쉬웠다. '손들어!' 이야기를 할 때부터 계속 가슴 속에서 울컥하며 뭔가 올라왔다. 누군가 툭 건드리기만 해도 울음이 터질 것 같았다. 겨우겨우 강연을 마무리했다. 윤하원 선생님의 수어통역으로 질의를 받는데 연수를 준비한 담당자가 선생님께 앞으로 나와 달라고 청했다. 영주에서 안동까지 오셨는데 이렇게 끝나면 너무 아쉬울 것 같다고. 다른 교사들도 모두 박수로 선생님께 부탁했다.

윤하원 선생님이 '선생님이 앞으로 나오고 계신다'고 수어로 통역해줬다. 가슴이 뛰기 시작했다. 강단으로 올라오신 선생님은 먼저 나와 진하게 포옹을 나눴다. 그러고 내 손바닥에 뭔가를 적으셨다.

"정말 잘했어! 고생 많았어."

'정말 잘했어'라는 다섯 글자에 꾹꾹 참았던 눈물이 터지고 말았다. 2년 전 첼로 연주를 하지 못해 속상하고 아쉬웠던 날부터 이 순간을 얼마나 기다렸던가. 만감이 교차했다. 어린아이처럼 콧물까지 흘려가며 흐느끼는 내게 선생님은 손수건을 건네셨다. 내가 눈물을 닦는 동안, 선생님은 마이크를 건네받고 연수에 참여한 교사들에게 이렇게 말씀하셨다.

"박관찬 강사님 이야기를 경청해주셔서 고맙습니다. 제가 기억나는 게 고3까지 박관찬 강사는 전혀 말을 하지 않았어요. 학교 선생님들이나 학생들이 전부 다 말을 못 하는 줄 알았거든요. 그래서 저도 손으로 대화를 하려고 했는데 3학년 때 저도.. 저 만나고.. 뭐 저 때문은 아니겠습니다만(웃음), 반 분위기가 좋아서 그랬는지 처음으로 말을 해서 우리 전부가 놀랐던 기억이 납니다. 그때 마음을 열었죠(박수). 평소 워낙 세상을 밝게 보는 낙천적인 성격이라서 그런지 제게도 찾아와서 A4 용지에 글로 적어 가며 상담 시간에 이야기를 나누었어요. 불러 주면 제 자리로 와서 자기

하고 싶은 이야기를 A4 용지에 10장, 20장씩 쓰면서 이야기했어요. 그 뒤로 어느 날 반 학생들이 떼로 몰려와서 '박관찬이가 처음으로 말을 해요!'라고 하더라고요. 그동안 한마디도 안 하다가 마음이 열리고 그래서 그런지 말을 시작했어요. 그때부터는 반 학생들이랑도 그렇고 저와도 잘 지냈어요. 그전까지는 아예 발성이 안 되는 줄 알았는데 그 다음부터는 대화가 되더라고요. 제가 좋은 학생을 만나서인지는 모르겠지만 저도 그때 되게 서러웠던 시기였던 것 같습니다. 장학사님이 저를 수소문해서 오늘 이 자리에 오게 되었습니다. 오늘 따뜻한 마음으로 강연 들어주시고 박수쳐주셔서 정말 너무 고맙습니다. 감사합니다."

   서울에 올라와서 윤하원 수어통역사가 당시 선생님의 말씀을 타이핑해줬다. 안동에서 선생님이 손바닥에 적어 주셨을 때 한바탕 울었지만, 그 말씀을 글로 읽으니 또 눈시울이 붉어졌다. 고3 담임과 학생으로 인연을 맺은 지 많은 시간이 지났지만, 나만큼 선생님도 당시를 생생하게 기억하신다는 사실이 너무나 감사했다.

인 터 미 션

*

기자

연구원

장애인식개선 강사

첼리스트

그리고

...

시청각장애인

청년 박관찬의 삶과 도전을 보여주는 사진들

15년지기 친구 재경이(위)와 내 친구 김재환(아래)

대구대학교 축구동아리 '푸른삶'에서 감사패와 사인볼을 받았다.

법학석사 학위수여식에서 부모님과 한종섭 선생님과 함께
(맨 왼쪽이 한종섭 선생님)

장애인식개선교육 강사로 활동을 시작한 2016년(왼쪽)
전국구로 활동의 폭이 넓어지던 2018년(오른쪽)

서울잠일초등학교 강연

장애인식개선 프로그램 강연 후에는 학생들과 눈을 마주치며 필담을 나누기도 한다.(위) 필요로 하는 사람들을 직접 찾아가는 오상민 작가의 천막 사진관(아래)

《함께걸음》의 마지막 편집 2022년 11,12월호를 마감하며(위)
서울연구원 입사 축하 모임(아래)

대구대학교에서 첼로 레슨을 가던 길

야외에서 첼로를 연습하던 모습

나의 앤 설리번, 김영아 선생님

생애 첫 연주회 포스터(위)
활동지원사 엄재준과의 손바닥 필담(가운데)
공연 준비 중 메시지를 확인하는 모습(아래)

생애 첫 연주회에서 문자통역하는 한이정 속기사

생애 첫 연주회에서 관객들이 응원봉의 불을 켜서 호응하는 장면

생애 첫 연주회에서 연주하는 모습

생애 첫 연주회가 끝난 뒤 한종섭 선생님이
손바닥 필담으로 덕담을 건네고 있다.

국회 음악회에서 피아노를 반주해주신
박연 형수님

처음으로 피아노 반주와 함께 했던 국회에서의 연주

송년회 때 초대해주신 분의 따님께 첼로 일일레슨을 해드렸다.(위)
2022년 10월 6일 경북북부지역 교사 대상 연수 강연을 마친 후 한종섭 선생님과 함께(아래)

'꿈꾸는느림보' 사회적협동조합에서 진행한 활동지원사 보수교육에서의 연주와 강연

'함께꿈꾸는세상' 송년음악회 초청 연주 후

YTN라디오 이성규의 '행복한 쉼표'에 출연했을 때

아트위캔 신년음악회에서의 특별초청연주(피아노반주 피아니스트 현아람)

연사로 참여했던 2022년 소통이 흐르는 밤 행사에서

기자였다가 연구원이었다가

프리랜서로
세상에 뛰어들다

처음 4대 보험에 가입하고 주 40시간 근무해본 '직업'은 대구대학교 장애학생지원센터 조교였다. 2년간 조교로 근무하면서 좌충우돌했다. 많은 사람을 만나고, 수어도 배우고, 공과 사를 구분하지 못해 사고도 쳤다. 재미있는 일도 많고, 배운 것도 많았다.

조교 계약 기간이 끝난 2016년 2월에는 법학석사 학위를 받았다. 박사 과정을 계속할지, 다른 일자리를 알아볼지 선택해야 했다. 처음 내 결정은 공부를 계속하는 거였고, 실제 합격까지 했다. 하지만 부모님이 박사 과정은 나중에 시간적으로나 경제적으로 여유가 있을 때 하면 좋겠다고 제안하셔서 합격을 포기했다.

일자리를 찾아야 했다. 법학 석사와 조교 2년이라는 경력이 전부였기에 이를 토대로 장애인을 고용하는 곳을 적극적으로 알아봤다. 하지만 불러주는 곳이 없었다. 심지어 서류 전형조차 통과하지 못했다. 이력서와 자기소개서만 1백 번 넘게 보냈는데도 아무 소식이 없었다. 시간이 흐를수록 마음이 조급해졌다.

한국장애인고용공단 경북지사, 대구지사를 방문해서 취업 담당자와 상담도 했다. 충분히 한몫을 할 수 있다는 걸 강조했다. 인터넷 검색 시간도 늘렸다. 처음에는 '장애인고용', '장애인 채용'과 관련된 키워드 위주로 검색했는데, 조금씩 시야가 넓어졌다. 그러다 '장애인식 개선교육 강사 양성과정'을 발견했다. 조교로 일하던 2년 동안 업무 중 하나가 'DU레알장애체험스쿨'이었다. 대구대학교를 방문하는 초·중·고생에게 장애체험과 인식개선교육을 하는 프로그램이다. 그때의 경험을 살려 강사 양성과정에 지원했다. 매주 경주에 가서 총 40시간 교육을 받고 강의 시연까지 통과해 강사 자격을 취득했다.

다른 활동도 시작했다. 가장 좋아하는 '글쓰기'를 업으로 하는 객원기자가 된 것이다. 장애인직업안정연구원 객원기자를 시작으로 한국장애인고용공단 내꿈내일 기자단, 서울시복지재단 시민기자 등 '검색'을 통해 내게 맞는, 내가 할 수 있는 일을 찾아냈다. 프리랜서 생활이 잘 맞았다. 강사로서 학생이나 직장인 대상 장애인식 개선교육을 하는 것도 보람 있었고, 기자로서 취재하고 기사를 쓰는 일도 척척 해냈다. '강의'와 '취재'를 매개로 장애 당사자의 경험을 전달해 더 풍부한 결과를 얻을 수 있었다.

하지만 초보 프리랜서는 큰 수입을 기대하기 어려웠다. 경력이 거의 없고, 대부분 대외활동 성격이 강했기 때문이다. 월 수입이라야 100만 원을 겨우 넘기는 달이 대부분이었다. 학교가 방학하면 강의가 없으니 수입은 더 줄었다. 생활비를 충당하기도 빠듯했다. 하지만 수입보다 일을 한다는 데 더 의미를 뒀다. 내가 잘 할 수 있는 일을 하고 있기에 당장 수입이 적어도 다 경력과 경험이 되리라는 희망을 가졌다. 이제 '시작'이었다. 능력과 재능을 발휘할 기회가 언젠가 꼭 올 거라는 믿음을 갖고 열심히 활동했다.

강사와 기자로 활동하면서도 검색을 멈추지 않았다. '전자정부 50주년 수기 공모전'에서 행정안전부 장관 장려상을 받았고, 국가인권위원회 장애차별예방 모니터링단으로도 활동했다. 이런 활동을 통해서도 장애 당사자의 경험이 소중하고 그 경험을 사회에 널리 알려야 한다는 생각을 다질 수 있었다.

시간이 될 때마다 블로그, 페이스북 등에 내 활동을 기록했다. SNS는 활동 영역을 넓히는 데 큰 도움이 되었다. 관련 분야에서 활동하는 분들과 인맥을 쌓고, 강의를 소개받기도 했다. 결국 장애인식 개선교육뿐 아니라 장애인 활동지원사 양성과정에서도 마이크를 잡게 되었다. 활동지원서비스 이용자로서 경험이 풍부하고, 제도의 문제점을 깊게 생각해 온 내게 더할 나위 없는 기회였다. 2016년부터 2년간 대구와 경북 지역에서 주로 활동했지만, 2018년부터는 전국구로 활동 폭이 넓어졌다. 일주일에 한두 번은 꼭 서울이나 경기 지역으로 강의와 취재를 나갔다. 전라도나 부산으로도 출강했다. 그야말로 물 만난 고기처럼 하고 싶은 활동을 마음껏 하게 된 것이다.

이 시기에 특히 애정을 들인 활동이 있다. 월간지 〈함께걸음〉에 칼럼을 연재한 것이다. 시청각장애인으로 살면서 겪는 다양한 에피소드를 써서 보내면 다음 달에 발간되는 〈함께걸음〉에서 내 글을 만날 수 있었다. 〈함께걸음〉은 '기사'가 아니라 '칼럼'이었다. 취재한 내용이 아니라 내 이야기였기에 아무리 바빠도 무얼 쓸지 늘 고민했다. 원고 마감 기한을 넘기는 일도 없었다.

그렇게 살다 보니 생활의 리듬이 무너지기 시작했다. 서울이나 경기도 쪽 일정이 이른 시간일 경우 그만큼 일찍 출발해야 했다. 일찍 일어날 자신이 없으니 밤을 꼬박 새고 역으로 나갔다. 일을 마치고 기진맥진해서 돌아오면 기절하듯 잠들어, 다음날 해가 중천에 떠서야 겨우 일어났다.

그러면 밤에 잠이 오지 않아 또 새벽에 집을 나섰다. 건강을 해칠 것 같아 2018년 하반기에는 서울로 이사할 것을 진지하게 생각했다. LH에서 장애인에게 임대주택 전세자금을 지원해준다는 걸 알았다. 이 제도를 활용해 2019년 1월 대외활동 3년 만에 서울에 보금자리를 마련했다.

조교 생활을 마치고 사회로 나와 지금까지 살면서 느낀 게 있다. 다른 사람의 조언이나 도움을 받는다고 해도, 고민하고 결정을 내리는 것은 어느 누구도 아닌 나 자신이다. 결정에 대한 책임을 지는 것도 자기자신이다. 막막하고 어려운 일이 많았지만, 모든 고민과 결정이 나를 위한 최선의 선택이었다고 확신한다. 수입이 적어서 큰 의미를 두기 어려울 거다, 서울로 이사가면 힘들 거다 등 걱정과 우려도 많았다. 하지만 스스로를 믿었다. 스스로 검색하고 도전하지 않았다면, 지금의 난 완전히 다른 모습일 것이다. 언제 합격할지 기약 없는 공무원 시험 준비를 계속하며 시간을 흘려보내고 있을지 모른다. 스스로 알아보지도 않고, 도전해보지도 않고 누군가 도움의 손길을 내밀어주길 기다리고만 있을지 모른다.

프리랜서로 시작했던 대외활동은 평생 소중한 추억으로 남을 것이다. 지금의 나를 만들었을 뿐 아니라, 무엇이 소중하고 중요한지 배울 수 있었기 때문이다. 누군가 장애인으로서 두려워하지 않고 세상과 부딪혀 살아온 경험과 노하우를 알려달라고 한다면 주저없이 대외활동을 추천할 것이다.

사랑했던 직업, 기자

 2018년 3월부터 한 해 동안 〈함께걸음〉에 외부 필진으로 참여해 시청각장애인으로서 살아가는 이야기를 칼럼으로 썼다. 덕분에 월간지인 〈함께걸음〉을 읽으며 많은 것을 배웠다. '이 언론사의 기자로 일해보고 싶다'라는 생각이 절로 들었다.

 마침 칼럼을 쓴 지 1년이 되었을 때 〈함께걸음〉 기자 한 명이 퇴사했다. 원고를 보내면서 〈함께걸음〉 측과 소통하고 있었기에 채용 정보를 남보다 먼저 알 수 있었다. 망설이지 않고 지원했다. 내심 기대가 되었다. 3년 동안 어느 정도 경력을 쌓기도 했지만, 무엇보다 내가 칼럼을 연재했던 매체이기 때문에 내 능력을 애써 입증할 필요도 없고, 내 장애에 대해 편견을 갖지도 않을 것이라 생각했던 것이다. 정말 서류 전형을 통과했고 면접을 보러 오라는 연락을 받았다.

활동지원사가 동행해 면접을 봤다. 장애우권익문제연구소 소장님과 〈함께걸음〉 편집장, 디자인 회사인 리드릭 원장님, 〈함께걸음〉 기자까지 총 네 명이 면접관이었다. 활동지원사가 면접 질문을 문자로 통역해주었다. 성심성의껏 대답했다. 시청각장애가 있는데 취재를 나갈 수 있는지, 기사를 쓰는 데 문제는 없는지 등 업무 관련 질문에는 그동안 꾸준히 해온 대외활동이 큰 도움이 되었다.

면접이 끝나고 활동지원사와 카페에서 차를 마셨다. 결과가 어찌나 궁금했던지 "저 될까요?"라는 질문을 서른 번은 했을 것이다. 활동지원사가 그만 물으라고 했지만 조금 뒤에 또 묻곤 했다. 이렇게 기대했는데 떨어지면 어떡하나 걱정도 되었다. 활동지원사와 같이 있는 동안 결과가 나길 기대했는데, 몇 시간이 지나도 아무런 소식이 없어 그냥 귀가했다. 집에 오니 긴장이 확 풀리면서 나도 모르게 침대에 엎드려 잠이 들었다. 얼마나 잤을까? 눈을 뜨니 문자가 와 있었다. 합격이다! 침대에서 벌떡 일어났다.

바로 한종섭 선생님을 비롯해 가족, 활동지원사 등 지인들에게 기쁜 소식을 알렸다. "축하해! 그동안 고생 많았어." 선생님의 메시지에 눈물이 핑 돌았다. 그렇게 많은 지원서를 냈음에도 서류 전형조차 통과하지 못해 속상해하고, 대외활동을 열심히 하며 조금씩 활동 폭을 넓혀 간 사연을 누구보다 잘 아시는 선생님이기에 그 짧고 굵은 메시지가 마음 깊이 와닿았다.

2019년 4월 1일, 만우절에 거짓말처럼 여의도에 있는 〈함께걸음〉 사무실에 기자로서 첫 출근을 했다. 객원기자로는 일해봤지만, 막상 한 언론사의 정식 기자로 활동하려니 장애가 걸림돌이 될까봐 걱정스러웠다. 객원기자일 때는 취재 주제를 기관이나 단체에서 미리 정해 주는 경우가 많으니 기사 쓰기에 큰 어려움이 없었지만, 이제 기획회의부터 취재원 섭외, 취재, 기사 작성에 이르기까지 모든 걸 내 힘으로 준비하고 실행해야 한다. 특히 기자에게는 '정보가 곧 생명'이다. '특종'을 따내기 위해 발빠르게 움직여 취재하고 기사를 써야 한다. 어느 언론사에도 공유되지 않은 진짜 '특종'이나 '대박'이라면 기사 제목 앞에 꼭 [단독]이라는 말을 넣는다. 잘 보이지도 들리지도 않아서 정보 습득이 한참 느린 내가 과연 특종을 따낼 수 있을까?

걱정과 고민의 시간은 그리 길지 않았다. '기자'하면 떠올리는 발빠른 정보 접근, 특종, 단독보도 같은 '잣대'에 굳이 맞출 필요는 없다고 생각했다. 시청각장애인이면서 기자로 활동하는 사람은 전 세계에 나밖에 없지 않을까? 그러니 '시청각장애인 기자'라는 나만의 정체성으로 일을 해보면 될 것 아닌가?

〈함께걸음〉 기자 일은 생각보다 재미있고, 내게 잘 맞았다. 장애인권언론이라 다양한 장애 당사자와 가족들을 만날 수 있었고, 장애 관련 기관들을 방문하면서 많은 것을 배우고 느꼈다. 기자라는 직업의 가장 큰 장점은 다양한 사람들을 만나고 온갖 정보를 접한다는 것이다. 시청각장애인인 내게는 그야말로 하늘이 내린 기회였다.

취재를 가서 인터뷰할 때는 근로지원인과 동행해 문자통역을 받았다. 내가 질문하면 상대방의 대답을 내가 세팅해둔 노트북에 근로지원인이 문자로 통역해주는 방식이다. 초반에는 질문할 때만 잠시 상대방의 얼굴을 볼 뿐, 거의 내내 노트북 화면만 쳐다봤다. 돌아와 기사를 쓸 때면 아무래도 조금 아쉬웠다. 상대방의 감정이나 말하는 분위기를 잘 알 수 없기 때문이다. 물론 기사는 객관적 사실을 전하는 것이므로 감정이나 분위기가 크게 중요하지 않을 수 있지만, 사람의 말을 오직 문자통역으로만 전달받으면 서면 인터뷰와 크게 다를 것 없다는 생각이 들었다.

그래서 조금 익숙해진 뒤에는 근로지원인에게 가능하면 상대방의 감정이나 분위기를 함께 옮겨달라고 부탁했다. 나도 노트북 화면만 보지 않고 중간중간 말하는 사람을 바라보며 눈도 마주치고 교감하려고 노력했다. 그런 시행착

오를 겪으면서 기자 2년차가 되자 한결 여유 있게 취재를 다니게 되었다. 인터뷰 역시 처음보다 부드럽고 자연스으로 진행할 수 있었다. 일이 익숙해지면서 '기자님'이라는 호칭이 너무너무 좋았다. 기자라는 직업에 자부심을 가지게 되었음은 물론이다.

기자로 일하는 동안 가장 좋았던 시간은 〈함께걸음〉 발간을 위해 디자인 회사 〈리드릭〉에서 마감 작업을 하는 이틀간이었다. 이때는 아예 리드릭으로 출근해 기사와 사진을 알맞게 배치하고 종이에 프린트해 독서확대기로 읽으면서 교정교열을 했다. 몇 번씩 수정한 끝에 일을 마치면 며칠 뒤 잡지가 나왔다. 보기만 해도 뿌듯했다. 취재원에게 〈함께걸음〉 잘 받았다, 기사 잘 써줘서 고맙다는 말을 들으면 뿌듯함은 배가 되었다. 마감 때는 그간 취재했던 내용과 인터뷰를 다시 돌아보고, 외부 필진의 글도 유심히 읽으면서 많은 것을 배웠다. 〈함께걸음〉은 30년 넘는 역사를 지닌 언론이다. 그간 거쳐간 수많은 기자 중에 한명이라는 사실, 내가 쓴 기사가 어느 페이지를 장식하고 있다는 사실을 떠올릴 때마다 가슴이 벅찼다.

〈함께걸음〉 기자는 정규직이므로 평생 직장이 될 수도 있었다. 나도 〈함께걸음〉이라는 언론과 기자라는 직업을 사랑했기에 언젠가 편집장이 되겠다는 목표로 열심히 일했다. 하지만 아쉽게도 영원한 동행은 이루어지지 않았다. 정말 사람 일은 모르는가 보다. 2019년 4월에 시작한 기자 일은 2022년 11월까지, 채 4년을 채우지 못하고 막을 내렸다.

  이유는 크게 두 가지였다. 2020년부터 일과 학업을 병행하면서 눈을 많이 혹사했기 때문에 눈에 휴식을 주고 싶었다. 더 나아가 새로운 도전을 해보고 싶었다. 한 번뿐인 인생인데 하고 싶은 게 있다면 더 늦기 전에 해봐야 할 것 같았다. 사실 퇴사하기가 두려웠다. 나이가 서른 후반으로 향하는 시점에 정규직을 그만두고 삶을 리셋한다는 결정은 결코 쉽지 않았다. 하지만 오랜 고민 끝에 4년 가까이 정들었던 〈함께걸음〉에 안녕을 고했다.

장애 감수성을 지닌 분들

만 4년 동안 기자로 일하면서 취재원으로 많은 사람을 만났다. 〈함께걸음〉은 장애인권 언론사이지만, 장애만 다루는 것은 아니다. 다양한 사람을 만나면서 나도 한 단계 성장할 수 있었다. 특히 기억에 남는 두 분을 기록해 두고 싶다. 이분들과는 지금까지도 소중한 인연이 이어진다. 장애인 당사자인 내게 오히려 '장애 감수성'을 더 깊이 가르쳐주신 분들이기도 하다.

이옥주 드림위드앙상블 사회적 협동조합 이사장

특정 단체나 인물을 두 번 이상 취재할 때가 종종 있었다. 그중에서도 발달장애인 클라리넷 전문 연주단체인 드림위드앙상블과 이옥주 이사장님은 가장 자주 취재했던 단체와 인물이다. 그도 그럴 것이 드림위드앙상블은 미국 뉴욕 공연을 비롯해 한국과 남아공 수교 30주년을 기념해 남아공 순회공연을 다녀오는 등 광범위한 활동을 펼치며 장애계를 넘어 대한민국 전체에 이름을 알리고 있다.

이옥주 이사장님을 인터뷰할 때마다 감탄하지 않을 수 없었다. 드림위드앙상블 사무국을 방문하면 자리 배치부터 달랐다. 인터뷰를 할 때면 난 노트북을 꺼내고 근로지원인은 키보드를 내 노트북에 연결한다. 나와 속기사가 나란히 앉고 취재원은 맞은편에 앉아 마주보는 것이 보통이다. 하지만 이사장님은 맞은편에 있던 의자를 끌어와 내 옆에 자리를 잡으셨다. 나를 중심으로 왼쪽에는 근로지원인이, 오른쪽에는 이사장님이 나란히 앉아 세 명이 함께 노트북 화면을 바라보는 것이다. 이사장님이 화면을 같이 봐주시니 인터뷰 진행이 훨씬 매끄러웠다. 근로지원인이 단어를 잘못 적거나 이사장님의 말씀이 너무 빨라져도 모두 노트북 화면을 보고 있기 때문에 그때그때 수정하고 템포를 조절할 수 있었다. 또한 이사장님이 바로 옆에 앉아 계시니 맞은편에 앉은 취재원을 바라보면서 질문할 때보다 얼굴 표정을 더 생생하게 볼 수 있었다.

인터뷰를 마친 뒤 식사를 함께한 적이 있다. 코로나19 바이러스가 전 세계를 강타했던 시기라서 '방역패스'가 필요했다. 먼저 이사장님이 휴대폰에서 QR코드를 찾아 기기에 갖다 대셨고, 뒤이어 나도 그렇게 했다. 아니, 그렇게 하려고 했다. 하지만 저시력인 나는 휴대폰 화면에 띄운 QR코드를 기기에 정확하게 맞추지 못했다. 그걸 본 이사장님이 얼른 내게 다가와 휴대폰을 든 내 손목을 잡고 기기에 갖다 대주셨다. 유엔 장애인권리협약에서는 장애인에게 '대리'가 아니라 '지원'을 해야 한다고 권고한다. 대신 뭔가를 해주지 말고, 장애인 스스로 할 수 있도록 돕는 것이다. 내가 전혀 안 보이는 게 아니니 내 휴대폰을 다른 사람이 직접 들고 뭔가를 하기보다는 내가 할 수 있게 휴대폰을 들고 있는 팔을 잡고 도와주는 것이 좋다.

이사장님은 함께 식사할 때도 가능한 나와 '직접' 대화를 나누셨다. 근로지원인도 식사할 수 있도록 배려하는 것이다. 하고싶은 말씀이 있으면 그냥 손을 내미셔도 되는데 꼭 몸을 일으켜 내 손에 글을 적어주신다. 이사장이라는 위치에 있지만 모든 사람을 민주적이고 평등하게 대한다. 이사장님의 장애 감수성을 칼럼으로 썼더니 정작 당신은 전혀 몰랐다고 하셨다. 자연스럽게 그랬다고 하지만, 내가 만나 본 사람 중에 이사장님의 장애 감수성은 단연 최고다.

오상민 천막사진관 대표

 기자라면 기사에 쓸 사진을 고민하기 마련이다. 더구나 시력이 좋지 않으니 더욱 사진에 신경이 쓰였다. 마침 기자로 일하던 초반에 '바라봄 사진교실'을 알게 되었다. 당시 강사가 오상민 천막사진관 대표였다.

 사진교실에서는 사진에 대해 제대로 배우지 못했다. 수강생이 열 명이 넘었는데, 문자통역을 받아도 수업을 따라가기가 쉽지 않았다. 사진교실은 카메라를 조작하는 등 실습 위주라서 문자통역만으로는 한계가 있었다. 강사도 수강생을 모두 챙기면서 정해진 시간 내에 수업을 진행해야 하기에 따로 많은 시간을 내줄 수 없었다. 나도 아쉬웠지만 오상민 작가도 미안해했는데, 그게 인연이 되어 친분을 쌓았다. 기사에 필요한 사진도, 첼로와 함께 프로필 사진을 찍을 때도 그를 찾았다. 마지막 취재원도 오상민 작가였다.

 보통 '사진관'이라고 하면 건물에 '○○사진관'이라는 간판이 걸린 모습을 떠올린다. 특이하게도 천막사진관은 '이동형 사진관'이다. 사진을 찍어야 하는데 사진관까지 가기 어려운 사람들이 있다. 오상민 작가는 천막(텐트)과 장비를 챙겨 그들을 찾아간다. 그 컨셉이 인상적이어서 기자로 일하는 동안 천막사진관을 취재하겠다고 노래를 불렀다. 그때마다 '십 년 뒤쯤 하겠다'는 대답이 돌아왔다. 4년

만에 퇴사하면서 '마지막 취재'로 요청한 덕분에 천막사진관 이야기를 자세히 들을 수 있었다. 손에서 카메라를 잠시 내려놓고 그가 들려준 이야기는 인간적이고 따뜻하며 진솔했다.

오상민 작가도 취재원 중에서 돋보이는 면이 있었다. 본인의 말이 문자로 통역되는 노트북 화면을 같이 보면서 말하는 속도를 조절했다는 것이다. 나는 그의 말을 들을 수 없기에 속도를 내게 맞춰주었다는 사실조차 나중에 근로지원인이 이야기해줘서 알았다. 나와 함께 다니면서 문자통역해본 사람 중 오상민 작가가 가장 편했다고도 덧붙였다. 자기 말이 통역되는 화면을 함께 보다가 내가 아직 화면 상단을 읽고 있으면 템포를 늦추고 다 읽을 때까지 기다렸다고 한다. 그의 말을 내가 충분히 이해하면서 대화가 진행되는 것이다. 인터뷰를 할 때는 할 말이 많기 때문에 저절로 속도가 빨라진다. 아무리 타이핑이 빨라도 100% 따라잡기가 쉽지 않다. 하지만 오상민 작가의 배려 덕분에 나도 근로지원인도 편하게 인터뷰를 할 수 있었다.

오상민 작가는 나중에 '천막사진관 스마트폰 사진교실'을 운영했다. 일상에서 점점 스마트폰 사진을 많이 찍는 추세라 나도 배우고 싶어서 수강 신청했다. 하지만 그는 내 장애 특성상 일대일 수업이 좋을 것 같다고 제안했다. 그의 배려 덕에 4주 동안이나 스마트폰 사진 개인 교습을 받았다. 문자통역도 내게 맞는 속도로 배려해주었기에 놓치는 것 없이 배울 수 있었다. 사진 찍는 자세부터 인물, 음식, 풍경사진 찍는 법, 구도, 편집 등 정말 많은 것을 배웠다. 수업을 시작하기 전에 내 시력이 어느 정도이고 평소 스마트폰을 어떻게 사용하는지 먼저 알아본 후, 내게 맞춤형 수업을 준비해준 것도 잊을 수 없다.

  같은 남자지만 오상민 작가는 내가 본 남자 중에 최고로 멋진 남자다. 항상 배려하고 친절하며 매사에 최선을 다하는 모습을 많은 사람이 좋아한다. 나 역시 사진이 필요할 때 부탁할 작가 0순위는 오상민 작가다.

치고 들어가기는 어려워

 박사 과정을 시작한 계기는 '더 배우고 싶어서'였다. 장애 당사자이지만 기자로 근무하면서 모르는 게 너무 많고 부족하다는 사실을 절실히 느꼈다. 공부가 더 필요했다. 그러던 차에 대구대학교에 장애학 박사 과정이 생긴다는 소식을 듣고 덜컥 지원했다. 영광스럽게도 1기로 입학했다.

 박사 과정 첫 학기에 코로나19 바이러스가 전 세계를 강타했다. 매주 토요일 서울에서 대구로 KTX를 타고 다녀올 계획이었는데, 모든 수업이 비대면으로 바뀌었다. 나뿐만 아니라 교수님과 학생들, 문자통역 해주는 속기사까지 비대면 수업은 처음이라 여간 힘들지 않았다. 박사 과정 수업은 대부분 발표와 토론으로 진행되었다. 시청각장애 특성상 토론에 참여하기도 쉽지 않은데, 그마저 비대면으로 진행되니 더욱 불편했다.

문자통역을 받을 때는 내가 보기 편하게 큰 글씨로 타이핑해야 한다. 노트북에 문자통역 화면이 가득 차기 때문에 교수님이나 동기들이 공유한 수업 자료는 전혀 보지 못한다. 그래도 속기사가 실시간으로 수업 중 주고받는 이야기를 문자로 통역해주었기 때문에 그건 그리 답답하지 않았다. 진짜 답답한 것은 토론이었다. 토론 때는 크게 두 가지 어려움이 있었다.

우선 발언할 '타이밍'을 잡기 어려웠다. 내가 토론에 참여하려면 어쩔 수 없이 '치고 들어가야' 한다. 그러나 아무리 실시간 문자통역이라고 해도 사람이 말하는 속도를 따라잡기는 어렵다. 누군가 말하는 걸 통역받고 있다가 말이 끊긴 것 같아 치고 들어가려면 이미 다른 사람이 말을 하고 있었다. 그냥 치고 들어가자니 남의 말을 가로막는 것 같아 미안했다. 어떻게 하면 좋을지 고민하다가 교수님들께 메일을 보냈다. 내 장애에 대해 설명하고 토론 때 발언 기회를 주셨으면 좋겠다고. 동등한 위치에서 치고 들어가는 경쟁을 통해 발언권을 따내서 내 생각을 가감 없이 말하고 싶었지만 따로 발언 기회를 주지 않는 한 어려웠다.

두 번째는 말하고 있는 사람이 누구인지 알기 어렵다는 것이었다. 박사 과정 1기가 그리 많은 것은 아니라서 이름 정도는 금방 외울 수 있었다. 하지만 속기사는 사정이 다르다. '교수님'은 구분하지만 다른 사람은 누가 누군지 알 리가 없다. 토론이란 각자의 생각을 이야기하는 것이다. 누군가의 생각에 반대할 수도 있고 찬성할 수도 있는데, 그게 누군지 알아야 지목해서 말을 이어갈 수 있다. 그게 안 되니까 자연스럽게 토론에 참여할 수 없었다.

생각 끝에 박사 과정 1기 단체 카톡방에 조심스럽게 의견을 냈다. 시청각장애와 비대면이라는 특성상 토론을 할 때 어려운 점을 이야기하고, 발언할 때 자신이 누구인지 이름을 먼저 말해달라고 부탁했다. 감사하게도 모두 그렇게 하겠노라 선선히 응해주셨다. 그 뒤 수업부터는 속기사가 "○○○ 입니다"라는 말부터 통역해줬기 때문에 누가 발언하는지 알고 토론의 흐름을 따라갈 수 있었다. 이름을 먼저 말하는 방식은 이후 대면 수업에서도 그대로 이어졌다.

비대면으로 한 학기를 보내고 2학기부터는 대면 수업이 시작되었다. 첫 대면 수업에서 또 어려움을 겪었다. 비대면 수업 중에도 다른 사람들은 서로 얼굴을 모니터로 봤기 때문에 누가 누구인지 다 알았다. 하지만 내 모니터에는 얼굴이 아니라 문자통역 받는 한글파일만 떠 있었다. 다들 날 보며 반갑게 인사하는데, 정작 난 누가 누구인지 전혀 알 수 없었다. 마치 신입생이 된 것 같았다. 박사 과정 지도교수님과의 첫 만남도 당황스러웠다. 이동석 교수님이 자신을 소개하면서 주먹을 내밀었을 때에야 겨우 알아보았던 것이다. 주먹치기로 인사를 받았어야 했지만 교수님이 내민 주먹을 제대로 보지 못해 두 손으로 감싸 쥐고 말았다.

그래도 장애학을 공부하는 사람들이었다. 모두 내 장애를 잘 이해해주셨다. 수업시간에 토론할 때도 소외되지 않도록 먼저 내 의견을 물어봐주는 분도 있었다. 그런 배려 덕분에 시간이 조금 걸리기는 했지만 즐겁게 장애학을 공부할 수 있었다.

세 번 도전 끝에
연구원이 되다

〈함께걸음〉을 퇴사할 때 가장 하고 싶었던 두 가지가 있었다. 첫째는 살아온 이야기를 책으로 쓰는 것, 둘째는 시청각장애인으로 첼로를 통해 본격적으로 예술활동을 하는 것이었다. 물론 기자 일을 계속하면서 병행할 수도 있지만, 아무래도 몸과 마음이 너무 힘들 것 같았다. 온전히 두 가지에 집중하고 싶었다.

무모한 도전일 수도 있고 구체적인 계획도 없었지만, 그간 다양한 활동을 해왔기에 스스로 놀랄 정도로 준비가 되어 있었다. 기사와 칼럼을 쓰면서 틈틈이 내 이야기를 글로 썼다. 장애인식개선 강연과 첼로 연주도 꾸준히 계속했다. 다른 목표도 있었다. 2022년 11월에 퇴사했는데, 2023년 상반기 중에 다른 일자리를 찾는 것이다. 취업이 갈수록 어렵고, 더구나 시청각장애인으로서 수많은 좌절을 겪었음에도 그런 대담한(?) 목표를 세운 것은 믿는 구석이 있었기 때문이나. 이제는 3년 이상 기자로 일한 경력과 박사 수료라는 학력을 내세울 수 있었다.

감사하게도 원고를 보냈던 출판사에서 긍정적인 답변을 받았고, 한국장애인문화예술원에서 주관하는 '장애예술인 창작활동 준비과정'에도 선정되어 첼리스트로서 본격적인 예술활동을 할 수 있었다. 그러면서도 틈만 나면 새로운 직장을 검색했다.

2023년 초 서울연구원의 정원 외 직원 채용 공고를 보았다. 박사 수료 신분으로 학위를 취득하려면 논문을 써야 한다. 논문 준비가 아직 덜 됐고 경험이 부족하니 연구원으로 일할 수 있다면 큰 도움이 될 것 같았다. 큰 기대를 하지 않았는데 서류 전형에 합격했다. 활동지원사와 함께 면접을 보러 갔다. 서울연구원에 도착하자 걱정이 밀려왔다. 집에서 꽤 멀 뿐 아니라, 지하철역에서도 너무 멀었다. 합격하더라도 출퇴근길이 험난할 것 같았다.

설레발이 너무 심했을까? 면접 전형에서 탈락했다. 그런데 채용 대상인 정원 외 직원이 배정될 연구팀은 양적연구를 진행했다. 저시력인 내게는 질적연구가 더 맞았다. 양적연구는 통계를 많이 보기 때문에 엑셀 작업 등 부담스럽고 어려운 과정이 많다. 그래서 탈락했지만 그리 아쉽지는 않았다.

 몇 달 뒤 장애학과 박사 과정 단톡방에 서울연구원에서 장애인 연구원 채용 공고가 곧 뜰 거라는 정보가 올라왔다. 게다가 비상근직이라고 했다. 비상근직이면 주 5일 근무가 아니니까 강연과 첼로 연주를 병행할 수 있을 것 같았다. 공고가 뜨자마자 지원했다. 같은 연구원에 두 번째로 지원한 것이다. 이번에도 서류 전형을 통과했다. 면접은 비대면이라 굳이 연구원까지 가지 않아도 되었다. 면접 전형 때는 활동지원사가 집으로 와서 문자통역을 지원해줬다. 첫 번째보다 훨씬 잘 본 것 같았다. 면접관들도 합격을 염두에 두었는지 근무하게 되면 필요한 지원 등 구체적인 것들을 물어봤다. 두 번째 면접에서는 양적연구에 대한 언급도 없었고, 무엇보다 장애인 채용이기에 내 경력이라면 충분히 합격을 기대해도 될 것 같았다.

 웬걸, 또 탈락했다. 정확히는 탈락이 아니라 '후보'였다. 솔직히 많이 아쉬웠다. 출퇴근이 힘들어도 비상근직이면 충분히 다닐 수 있을 것 같았고, 박사논문을 준비하는 데 큰 도움이 될 것 같았기 때문이다. 두 번이나 탈락하자 서울연구원과는 인연이 아니라고 생각했다. 아쉽긴 했지만, 두 번 모두 서류 전형을 통과했으니까 그래도 희망이 있다고 스스로 위로했다.

며칠 뒤 지인에게서 연락이 왔다. 서울시에서 장애 관련 연구를 할 인력을 찾는다는 것이었다. 이야기를 나눠보니, 그 '서울시'가 바로 서울연구원이었다. 정원 외 직원으로 장애인 연구원을 한 명 더 충원한다고 했다. 서울연구원과 또 연결이 되다니! 진짜 마지막 도전이라 생각하고 다시 지원했다. 결국 세 번 도전 만에 최종 합격했다. 상근직이라서 주 5일 출근해야 했다. 2023년 6월 1일이 첫 출근이었다. 박사논문을 준비하는 데 소중한 경험이 될 수 있을 것 같았다. 공공기관 근무는 처음이라는 의미도 있었다.

연구원은 쉬운 일이 아니었다. 게다가 연구 프로젝트가 한창 진행되는 중에 채용되었기 때문에 변변한 수습 기간도 없었다. 그간 프로젝트가 어떻게 진행되었는지, 내가 맡은 업무는 어떤 것인지 차근차근 살펴보면서 적응하고 싶었지만 시간이 절대적으로 부족했다. 결국 근로지원인에게 많은 지원을 받아야 했다. 기자로 일할 때는 기안을 올리는 것부터 취재하고 기사 쓰는 업무를 모두 직접 처리했다. 전화를 받거나 문서에서 보기 어려운 부분 등 부수적인 부분만 근로지원인에게 부탁했다. 하지만 연구 업무는 포털에서 기안을 작성하는 것부터 혼자 처리하기 어려웠다. 연구 프로젝트에서도 온전히 혼자 수행할 수 있는 영역이 그리 많지 않았다.

덕분에 '장애인의 근로'에 대해 많은 생각을 하게 되었다. 장애인도 당연히 헌법상 근로의 권리와 직업선택의 자유가 있지만, 실제로 근로를 하는 데는 어려움이 따른다. 이를 보완하기 위해 근로지원인, 보조공학기기 등 다양한 제도가 존재하지만, 장애인의 유형과 특성이 천차만별이라 다양한 필요에 맞게 지원하기란 쉽지 않다. 오래 전부터 박사논문은 '시청각장애'를 주제로 쓰려고 했다. 하지만 서울연구원에서 일하는 동안 장애인 근로자가 실질적으로 일을 하며 겪는 고민이나 어려움을 연구해보고 싶어졌다. 언제 박사논문을 쓰게 될지는 알 수 없지만, 꼭 논문이 아니더라도 언젠가는 이런 주제를 깊이 공부해보고 싶다.

그 밖에도 연구원으로 일하면서 새로운 세계를 배웠다. 출퇴근할 때 셔틀버스를 이용하고 구내식당에서 식사를 하는 소소한 일상부터 연구실에서 연구에 집중하는 모든 과정이 새롭고 신기했다. 기자도 그렇지만 연구원 중에도 시청각장애인은 드물지 않을까? 내 경험이 앞으로 누군가에게 도움이 될 수 있으리라 생각한다.

참 좋은 인연

 2023년 5월부터 매주 들어야 할 교육이 있어서 서울문자통역을 신청했다. 청각장애인이 문자통역을 필요로 할 때, 속기사가 일정 시간 무료로 서비스를 제공하는 제도다. 그때 한이정 속기사를 만났다. 대학에서도 문자통역을 하는데, 마침 담당하던 학생도 시청각장애가 있다고 했다. 나랑 그 학생은 둘 다 시청각장애인이지만, 장애 정도가 달라서 의사소통과 통역 방법도 달랐다. 속기사 입장에서는 서로 특성이 다른 시청각장애인에게 문자통역을 하면서 남다른 고민을 했을 테고, 그만큼 소중한 경험도 되었을 것이다.
 수많은 속기사를 만났지만 한이정 선생님은 무척 인상적이었다. 문자통역을 하기 전에 내가 썼던 칼럼이나 출연했던 영상을 일일이 찾아보며 공부했다는 것이다. 애석하게도 더이상 그에게서 문자통역을 받지 못하게 된 시점에 그 사실을 알았다. 내가 손바닥 필담을 선호한다는 걸 알고 다음에 만나면 그렇게 소통하려고 했다는데, 더 이상 통역 서비스를 받지 않게 되어 손바닥 필담은 해보지도 못했다.

그럼에도 신선한 충격이었다. 시청각장애인과 어떻게 의사소통해야 할지, 어떻게 통역하면 좋은지 직접 물어봐도 될 텐데 글과 영상을 먼저 찾아봤다는 게 감동적이었다. 이런 마인드라면 어떤 사람을 만나도 좋은 서비스를 제공해줄 것 같았다. 나도 그를 잊지 않고 마음속에 새겼다.

그해 6월 서울연구원에서 일하게 되자 근로지원인이 필요했다. 장애인 근로자가 장애로 인해 업무 수행에 어려움이 있을 때 지원해주는 인력을 근로지원인이라고 한다. 연구가 주 업무라 팀에서 회의를 자주 하니까 문자통역이 꼭 필요했다. 바로 한이정 속기사가 생각났다. 사실 딱 두 번 지원받은 것이 전부여서 불쑥 이야기를 꺼내기가 조금 망설여졌다. 그래도 이미 근무를 시작해 근로지원인이 급히 필요한 터라 최대한 정중하게 부탁했다. 근로지원인으로 함께할 생각이 있으신지요?

너무나 반가워했다. 함께 일하면서 더 배우고 좋은 경험을 해보고 싶다고 했다. 일사천리로 일이 진행되었다. 내가 썼던 글로 인해 멋쩍은 경험을 여러 번 했다. 이야기를 나누다가 뭔가를 설명하려고 하면, 종종 "선생님이 썼던 글에서 봤어요!"라고 말했던 것이다. 내 글을 찾아서 꼼꼼히 읽었다는 것이 너무 고맙고 뿌듯했지만, 조금 부끄럽기도 했다.

2023년 '올해의 인연'을 꼽는다면 단연 한이정 속기사다. 근로지원 서비스는 두말할 필요 없다. 완전 최고! 특히 연구팀 내부 회의를 할 때면 마음 씀씀이가 참 고마웠다. 팀 내에서는 서로 '선생님'이라고 부르기 때문에 문자통역만으로는 그 '선생님'이 정확히 누구인지 헷갈릴 때가 있다. 한이정 속기사는 중간중간 괄호를 활용해 누구를 지칭하는지 알려 주었다. 계단을 내려갈 때도 저시력인 나를 어떻게 지원하는 게 편한지 먼저 물어봐 주고, 회의 때도 문자통역을 위한 세팅을 항상 나보다 먼저 챙겼다. 첫 출근일에는 간단한 수어도 공부해 왔다기에 앞으로는 그러지 말라고 했다. 일상생활에서 특히 나랑 대화하면서 많이 사용하는 수어는 내가 충분히 가르쳐 줄 수 있으니까.

지원인이나 같이 일하는 동료에게 종종 내가 아는 수어를 가르쳐 준다. 수어를 활용하면 손바닥 필담보다 조금 더 빠르게 대화나 통역이 가능해 적절히 활용하면 좋다. 그런데 한이정 속기사는 지금껏 만나본 사람 중에서 수어를 터득하는 속도가 가장 빠르고, 대화나 통역에 적용하는 센스도 매우 뛰어났다. '왜 이제야 만났나' 생각한 적이 한두 번이 아니다.

연구직은 갈수록 어렵고 힘들었다. 업무량도 많은 데다, 프로젝트 중간에 합류했기 때문에 적응 기간도 충분치 않았다. 하지만 한이정 속기사가 근로지원인으로 일한 뒤부터 부담이 조금 줄었다. 내 장애를 이해하고 어떻게 지원해야 하는지 고민하고 노력하는 사람이 지원해주는데, 어느 누가 좋아하지 않을 수 있을까? 그저 고마울 뿐이다.

요즘은 같이 일하다가 지루하고 싫증이 나면 이야기를 나누는데 참 재미있다. 내가 무슨 색을 좋아하는지, 달과 별을 좋아하는지, 헬스장에서 장애인 차별을 당했다든지, 음성인식기능 어플을 사용한다든지 등 내가 쓴 글이 이야기에 자주 등장하기 때문이다. 굳이 자세히 설명하지 않아도 되니까 편하지만, 동시에 깊은 고마움을 느낀다.

하루는 한이정 속기사가 간식으로 초코파이를 주었다. '그냥' 준 게 아니라, 내가 예전에 학생 대상 장애인식 개선교육을 할 때 활용했던 글이 문득 생각나서 간식으로 준비했단다. 강의에 초코파이를 활용했던 게 2016년인데, 그만큼 오래 전에 썼던 글까지 관심있게 읽었다는 것이다. 이 세상에서 가장 감동적인 초코파이였다.

언젠가 내 책이 출간되어 북토크를 하게 된다면, 첫 번째 연주회를 연다면 내 곁에서 문자통역을 하는 속기사는 한이정 선생님이면 좋겠다. 나에 대해 잘 알고 어떻게 지원해야 하는지 고민하고 소통하는 분이니만큼, 내게 가장 중요한 행사에 함께하면 좋겠다. 그런 날이 올 때까지 동행하는 시간을 감사하면서 기대한다.

연구하다 힘들면 버스 잘못 타고
에버랜드 한번 다녀오세요

우리 동네 스타벅스는 아침 7시에 문을 연다. 커피를 사서 출근하려면 6시 45분에는 집을 나서야 한다. 7시에 첫 번째 고객으로 아이스 아메리카노를 텀블러에 담아서 지하철역까지 걸어간다. 지하철역을 하나하나 확인하다가 한 번 환승한 뒤, 8시 8분이나 8시 18분 셔틀버스를 타고 서울연구원에 도착한다.

언젠가부터 회사에서 근로지원인 한이정 선생님이 내려주는 커피가 참 입에 맞았다. 굳이 스타벅스에 들르지 않고 바로 지하철역으로 가기 시작했다. 텀블러를 들고 걸을 필요도 없으니 출근길이 더 편했다. 2023년 8월 14일 월요일, 출근 준비가 빨리 끝나서 6시 40분에 집을 나섰다. 한이정 선생님이 내려주는 모닝커피를 마시며 일할 생각에 스타벅스에도 들르지 않았다. 지하철역까지 거의 30분을 걸어 열차에 오르니, 빈자리가 있다! 지옥철이라 불리는 서울 출근길을 앉아서 가긴 처음이다. 회사 셔틀버스를 타는 지하철역에 도착해 시계를 보니 딱 8시. 첫 셔틀버스 시간까지 8분의 여유가 있었다. 여름이라 목이 말랐다. 지하철역 편의점에 들러 옥수수보리차를 샀다. '물먹는 하마'인 한이정 선생님에게도 주려고 하나 더 샀다.

옥수수보리차를 백팩에 넣고 지하철역을 나오니 셔틀버스가 벌써 와있었다. 평소처럼 기사님에게 고개를 숙여 인사하고 버스 안으로 들어가며 빈자리를 찾았다. 자리에 앉으면서 버스 천장에 시선이 닿았는데, 어? 천장이 우리집에 있는 '달과 별' 무드등처럼 반짝이고 있었다. 회사 셔틀버스가 한 대만 있는 게 아니라 이런 버스도 있나 보다, 대수롭지 않게 여겼다. 옥수수보리차를 한 모금 마시는데 버스가 출발했다. 시계를 보니 8시 5분. 8분 출발인데 조금 빠르다. 역시 대수롭지 않게 여겼다. 두 달 넘게 출근해보니 정해진 시간이 아니라도 셔틀버스가 와 있거나, 일찍 출발하고 다음 버스가 오는 경우가 종종 있었다.

셔틀버스는 내가 탔던 지하철역에서 출발한 뒤, 다음 지하철역에서 사람들을 한 번 더 태운다. 그런데 이 버스는 무정차로 그냥 달렸다. 사람이 너무 많아 자리가 없으면 다음 역은 그냥 통과한다는 건 알았지만, 그날은 빈 자리가 많았다. 8시 5분에 출발했기 때문에 버스를 기다리는 사람이 없어서 그냥 지나쳤나? 이번에도 대수롭지 않게 여겼다. 창으로 들어오는 햇빛에 눈이 부셔 커튼을 쳤다. 나시 옥수수보리차 한 모금을 마셨다. 내일은 광복절이라 쉬는 날이니까 오늘 하루 화이팅하자. 다음 주에 중요한 일정이 있어서 오전과 오후에 준비 회의가 잡혀 있었다. 지하철부터 앉아서 왔으니 좋은 일이 있을 것만 같았다.

퍼뜩 '이상한' 느낌이 들었다. 지금쯤이면 회사에 도착해서 사람들이 안전하게 내릴 수 있도록 기사님이 셔틀버스의 큰 몸체를 유연하게 회전시킬 시간인데, 오히려 속력을 내면서 달리고 있는 게 아닌가. 얼른 커튼을 걷어 보았다. 내 눈을 의심했다.

버스는 회사를 지나 고속도로 위를 무서운 속도로 달리고 있었다. 이게 어찌된 일인가? 애써 긍정적으로 생각해 보려고 했다. 차가 많아서 회사가 있는 오른쪽으로 들어가지 못하고, 조금 더 가서 우회로를 타려는 거라고. 그러기에는 속도가 너무 빨랐고, 방향을 돌릴 수 있는 곳도 몇 번이나 그냥 지나쳤다. 그제서야 깨달았다. 버스를 잘못 탄 것이다! 적어도 오전 회의에는 참석하기 어려울 것임을, 한이정 선생님이 내려주는 모닝커피를 마시기 어려울 것임을, 내게 '재난'이 닥쳤음을….

서울을 벗어난 것은 분명했다. 평일 오전 8시경이면 차가 막힐 시간인데 이렇게 엄청난 속도로 달리고 있다면 서울일 리가 없었다. 잠시 고민했다. 기사님한테 가서 버스를 잘못 탔으니 내리게 해달라고 할까? 아무래도 무리였다. 창밖으로 보이는 풍경은 분명 고속도로였다. 내린다고 해서 뭘 어떻게 한단 말인가?

가장 먼저 근로지원인 한이정 선생님에게 메시지를 보냈다. 버스를 잘못 탔어요. 회사에도 알렸다. 오전 회의에 참석하기 어려울 것 같아요. 동료들도 나만큼이나 놀랐겠지만 회의는 걱정하지 말고 천천히 오라고 안심시켜 주었다. 이제 작전을 짜야 한다. 이런 재난 상황에서 어떻게 슬기롭게 빠져나갈 수 있을까? 이전에도 몇 번 비슷한 일을 겪었지만, 처음 보는 사람과 의사소통이 쉽지 않고 낯선 곳에서 길을 찾기도 힘든 내게 이런 상황은 재난이나 다름없다. 빠져나가려면 늘 많은 에너지가 필요했다.

그런데 그날만큼은 그리 걱정이 되지 않았다. 재난에서 날 구조(?)해줄 든든한 근로지원인이 있었기 때문이다. 만난 지 석 달도 안 되었지만, 내가 본 한이정 선생님은 충분히 나를 구해줄 능력이 있었다. 아니나 다를까, 역시 선생님은 내게 스파이더맨이나 슈퍼맨 같은 영웅이었다. 내가 보낸 메시지를 받았을 때 그는 회사로 가는 '진짜' 셔틀버스를 타려는 순간이었다. 내 메시지를 확인하고는 바로 '구조 작전'에 들어갔다. 한이정 선생님은 스마트폰에서 어떤 어플로든 지도 앱을 켜서 현재 위치를 캡처해 보내달라고 했다. 회사에도 전화했단다. 위치 확인해서 모시고 출근하겠습니다. 당연하다는 듯 내가 있는 곳으로 오려는 것이다. 지도 앱에서 현재 위치를 캡처해 전송했더니, '분당'이란다. 정말 서울을 벗어난 거다. 선생님이 분당으로 오는 지하철을 탄다고 했다. 너무 고맙고 든든했다.

나도 가만히 있을 수 없었다. 버스는 계속 달리고 있으니 최종 목적지가 어디인지 알아야 했다. 한이정 선생님에게 내 뒷좌석에 앉은 분과 통화해서 목적지를 확인해달라고 부탁했다. 엉거주춤 몸을 일으켜 뒷좌석에 앉아 있는 분을 향했다.

"저, 제가 청각장애가 있어서 그런데, 제 지인과 통화 좀 해주실 수 있을까요?"

난데없이 앞좌석에 있던 사람이 몸을 돌려 말을 거니 버즈를 귀에 꽂고 음악을 듣고 있던 그분 역시 엉거주춤 자기 폰을 꺼냈다. 제 폰으로 통화하시면 됩니다. 한이정 선생님에게 연결한 후 폰을 건넸다. 통화가 끝났다. 곧 전송되어 온 메시지.

그 버스 에버랜드로 간대요!

자유이용권을 손목에 두르고 마음껏 놀이기구를 탈 상황은 아니지만, 그 와중에 웃음이 났다. 세상에나, 어린 시절 정말 가고 싶었던 에버랜드를 이렇게 가게 되는구나! 한이정 선생님도 에버랜드로 온다고 했다. 난 비로소 의자에 깊게 몸을 묻으며 긴 숨을 내뱉었다.

한이정 선생님이 아니었다면 어땠을까? 지도 어플을 켠다고 해도 내 시력으로는 위치를 가늠하기가 쉽지 않았을 것이다. 주변의 누군가와 소통하기도 보통 일이 아니었을 것이다. 청각장애가 있다고 하면 내게 하려는 말을 본인 폰에 적을 텐데, 거기 적힌 '작은' 글씨를 내가 읽어낼 가능성은 거의 없다. 음성인식 어플을 활용할 수도 있지만 목적지 등 정확한 정보가 중요한 상황에서는 조심스럽다.

에버랜드에 도착해 근처 카페에서 넋을 놓고 한참을 앉아 있었다. 나를 구조하러 나타난 한이정 선생님이 그렇게 반가울 수 없었다. 어쩌다가 에버랜드로 가는 버스를 탔는지는 몰라도, 에버랜드에서 무사히 빠져나온 것은 분명 선생님 덕분이다. 다시 한번 느꼈다. 너무 좋은 분을 만났다고.

그 뒤로 서울연구원 연구자들은 회의 중에 이런 우스갯소리를 하곤 했다.

"연구하다 힘들면 버스 잘못 타고 에버랜드 한 번 다녀오세요!"

시청각장애가 뭐냐고요?

나만의 세계,
영영칠과 밥

 사람들이 자연스럽게 보고 듣는 것들을 나는 볼 수 있는 만큼만 보고, 들을 수 있는 만큼만 듣는다. 그래서 누구에게나 당연한 사실을 전혀 다르게 생각하거나 아예 모르는 경우도 많다.

 첼로를 배우기 전, 내 취미는 영화를 보는 거였다. 화려한 액션부터 감동 실화, 휴먼 드라마 등 다양한 장르의 영화를 보고 블로그에 리뷰를 쓰기도 했다. 특히 다니엘 크레이그 주연의 '007' 시리즈와 톰 크루즈 주연의 '미션 임파서블' 시리즈를 재미있게 봤다. 하루는 가족과 함께 저녁을 먹는데, TV에서 007 영화가 나왔다. 신작이 나온다는 광고였다. 반가운 마음에 외쳤다.

 "야! 영영칠이네."

 맞은편에서 내 말을 들은 엄마와 동생이 서로 마주보며

웃었다. 동생이 할 말이 있다는 듯 오른손 검지손가락을 내밀었다. 나도 왼손을 내밀었다. 동생이 적기 시작했다.

"'영영칠'이 아니고 '공공칠'이다."

순간 머리를 한 대 얻어맞은 것 같았다. 생각해보니 그동안 사람들이 007을 뭐라고 부르는지 전혀 몰랐다. 듣지 못하니까. 영화 속 대사에서도 제임스 본드를 뭐라고 부르는지 듣지 못한다. 오직 숫자로 '007'이라고 쓰인 것만 보고 내 멋대로 '영영칠'이라고 부른 것이다. 휴대폰 번호를 말할 때 '0'은 '영'이 아니라 '공'이라고 하는 경우가 많다. 그걸 떠올렸더라면 이런 굴욕은 당하지 않았을 텐데!

대학 때 선배가 생일선물로 수분크림을 준 적이 있다. 써보니 너무 좋아서 그 브랜드 매장을 자주 찾게 되었다. 내가 쓸 스킨이나 로션, 수분크림, 썬크림은 물론, 선물할 때도 그 브랜드를 이용했다. 포인트가 쌓이면서 회원 등급도 계속 올라갔다. 어느 날 문자 메시지가 왔다.

"고객님의 회원 등급이 VVIP로 상향되었습니다."

잘못 온 문자인 줄 알았다. 그 전까지 내 회원 등급은 VIP였다. 내가 실수라고 생각한 데는 이유가 있다. 사람들이 'VIP'를 뭐라고 읽는지 들어본 적이 없는 나는 그것을 '빕'이라고 불렀다. 누가 들었다면 또 웃었을 것이다. 그리고 친절히 내게 알려줬을지도 모른다. '빕'이 아니라 '브이아이피'라고.

안타깝게도 회원 등급 따위에 대해서는 한 번도 누군가와 이야기를 나눠본 적이 없었다. '빕'으로만 알고 있다가 V가 하나 더 붙어 있으니 당황스러울 수밖에. '브이빕'이라고 읽을 수도 없고, 이미 VIP 등급인데 또 등급이 올랐다니 실수라고 생각한 것이다. V 두 개가 연속해서 나올 수는 없지 않나? 스팸 문자 아니야? 며칠 후, 브랜드 행사 안내 문자가 왔다. 어, 이건 뭔가? 회원 등급별 혜택이 적혀 있는데, 'VIP' 등급도 있고 'VVIP' 등급도 있었다. VIP 등급보다 VVIP 등급의 혜택이 훨씬 좋았다. 그제서야 스팸이 아니었음을 알았다. 내 회원 등급은 진짜 VVIP인 것이다.

당연히 좋은 일이지만 마음 한편에 걱정이 생겨났다. 사람들에게 내 회원 등급을 자랑이라도 할라 치면, 'VVIP'를 뭐라고 읽어야 하나? V가 두 개 연속으로 나오는 걸 보니 그간 VIP를 '빕'이라고 읽은 것도 분명 잘못일 터였다. 동생에게 물었다. '007' 건으로 이미 한 번 굴욕을 당한 터. 다른 사람한테 비슷한 굴욕을 당하느니 차라리 동생한테 당하는 게 나을 것 같았다.

"회원 등급 VVIP는 뭐라고 부르노?"

"브이브이아이피라고 하지. 왜?"

"그럼 VIP는 브이아이피가?"

"그래. 설마 그것도 몰랐나?"

"그래. VIP는 '빕'이라고 부르는 줄 알았는데, 이번에 VVIP로 승급되었다고 하니까 어떻게 읽는지 몰라서 물어봤다."

"참 나~"

그때라도 알게 되어서 참 다행이다. 화장품 매장에서 '브이아이피'라고 하지 않고 태연하게 '빕'이라고 했다면 어땠을까? 매장 직원이 뒤에서 비웃었을 것이다. 착한 사람이라면 친절하게 안내해줬을지도 모르지만, 어떻든 무안하고 민망한 일 아닌가.

문득 이런 생각이 들었다. 청각장애인에게 자막이나 문자통역을 제공할 때, 숫자나 영어를 한글로 쓰자는 것이다. 007은 '공공칠', 'VIP'는 '브이아이피'를 함께 써주는 것이다. 그러면 청각장애인도 007이나 VVIP를 뭐라고 읽는지 알 수 있을 것이다. 동생에게 그런 굴욕을 당할 일도 없고.

007과 VVIP 외에 아직도 잘못 알고 있는 게 또 뭐가 있을지 궁금하다.

축구공이
안 보인다

대학 때 포항에 내려가면 고3 때 친구들을 만났다. 술 한 잔하고 2차로는 노래방 아니면 PC방을 갔다. 노래방에 가면 친구들 틈에 끼어 음치든 박치든 상관없이 노래를 부르며 같이 놀았지만, PC방에 가면 같이 놀기가 어려웠다. 그때는 '스타크래프트'나 '피파온라인2'라는 게임을 많이 했다. 두 가지 모두 해보지 않아서 친구들과 어울리지 못했다. 혼자 인터넷으로 스포츠 뉴스를 보거나 고스톱을 쳤다.

그날도 PC방에 갔는데, 내 옆에 앉은 친구가 '피파온라인2'를 가르쳐주겠다고 했다. '피파온라인2'에 입문한 것이다. 집에 있는 컴퓨터에도 게임을 깔아서 연습하고 실력을 조금씩 키웠다. 원래 축구를 좋아했기에 '피파온라인2'는 그야말로 인생 게임이 되었다. 좋아하는 팀이나 선수 캐릭터를 키울 수 있는 것도 좋았지만, 게임에서 이겼을 때의 통쾌함은 진짜 시합에서 골을 넣었을 때 못지않았다.

 난 이동국 선수를 좋아해 게임 속에서도 최전방 스트라이커는 항상 이동국이다. 친구들이 호날두나 메시 등 유명한 선수를 전방에 내세워도, 우리 팀의 중심은 항상 이동국이다. 그래서 친구들에 비해 팀의 전반적인 능력치가 떨어질 수밖에 없고 경기력에서 밀렸다. 그뿐만이 아니다. 게임을 할 때는 컴퓨터 화면 하단에서 현재 경기장에 있는 22명의 위치를 한눈에 볼 수 있다. 그런데 저시력인 나는 그 작은 화면을 볼 수 없다. 다른 게이머들은 그 화면을 보고 순식간에 멀리 공을 보내 역습할 수 있는데, 난 현재 공이 있는 컴퓨터 화면 중앙만 보면서 게임을 한다. 여러 가지로 썩 좋은 조건은 아니지만, 그래도 '피파온라인2'를 할 때면 너무나 즐겁다. 친구들과 어울리는 것도 좋고, 함께 술을 마실 때 요즘 어떤 선수 캐릭터나 팀이 좋은지 이야기를 나누는 것도 좋다.

 '피파온라인2'는 '피파온라인3'로 업그레이드되었는데, 새 버전은 내게 최적의 그래픽이다. 이전 버전처럼 말도 안 되는 골이 들어가는 경우도 줄었고, 실제 경기를 하는 것처럼 패스를 해가며 상대 진영까지 공을 몰고가는 등 섬세하게 게임을 할 수 있다. 고백하자면 한때 '피파온라인3'에 중독되었다. 선수의 능력치를 키우고 팀의 경기력을 향상하기 위해 실제 돈까지 투자했던 것이다. 유럽 축구를 보느라 주말 새벽에 원룸 근처 PC방에서 시간을 보낸 적도 많았다.

한 가지 불편한 점이 있었다. 홈페이지에서 로그인한 뒤 게임에 접속하면 2차 비밀번호(숫자 4자리)를 입력하는데, 내 시력으로는 컴퓨터 화면에 나오는 숫자를 보기 어려웠다. 2차 비밀번호는 키보드로 입력하는 게 아니라 마우스로 클릭하는 방식이라서 반드시 숫자를 눈으로 확인해야 했다. PC방에 같이 간 친구에게 부탁하곤 했지만, 혼자일 때는 여간 불편한 게 아니었다. 컴퓨터 화면이 아무리 커도 모자이크 바탕에 숨어 있는 숫자를 찾기는 어렵다. 그래서 혼자 PC방에 갈 때는 휴대용 독서확대기를 챙겼다. 시선을 한눈에 받으면서도 꿋꿋하게 확대기를 화면에 들이대 숫자를 일일이 확인하면서 2차 비밀번호를 클릭했다.

게임 중독은 심각했다. 생활비에 조금이라도 여유가 생기면 게임에 투자했다. 게임 블로그에 올라온 글을 읽으며 어떤 선수의 능력치가 좋은지 어떤 전술이 좋은지 수시로 체크했다. 학생들을 겨냥한 '방학 이벤트'라도 하면 출석 보너스를 받기 위해 PC방을 밥 먹듯 '출근'했다. 그 마법에서 절대 빠져나오지 못할 것 같았는데 운 좋게도(?) 강제로 끊게 되었다. '피파온라인4'로 업그레이드된 뒤로는 내 시력으로 게임을 하기가 너무 불편했다. 일단 게임 속의 축구공이 너무 작았다. 분명 아직 경기 중이라고 생각했는데, 상대팀이 골을 넣고 골 세리머니를 하고 있었다. 얼마나 허탈하던지! 축구공이 어디 있는지 보여야 경기를 할 텐데, 그렇게 답답한 노릇이 없었다. 자연스럽게 PC방을 찾는 발길이 뜸해졌다. '피파온라인3'에서 키운 팀이 그대로 '피파온라인4'로 넘어갔기 때문에 내 팀의 가치가 상당히 높은데도 게임을 하고 싶은 마음이 전혀 들지 않았다.

친구들과 어울리려고 시작했던 '피파온라인' 게임을 어찌 보면 내 장애 덕에 그만둔 것이다. 장애에 감사할 일이다. 게임을 접은 뒤 서울로 올라왔고, 취업도 했기 때문이다. 서울에서도 게임에 빠져 지냈다면 지금쯤 어떤 모습일까?

그동안 '피파온라인'을 하면서 '인생 경기'로 꼽는 한 판이 있다. 나랑 상대 전적이 1승 22패로 정말 게임을 잘하는 친구에게 유일하게 따낸 1승이다. 소위 '긁히는' 날이었는지 내 팀의 골키퍼가 친구 팀 선수들의 소나기 슛을 모두 막아냈다. 그리고 마지막에 이동국 선수가 결승골을 넣었다. 정말 통쾌하고 짜릿했다. 게임에 빠진 청춘의 나날도 나쁘지만은 않다.

상처 줄 마음은 없었는데

 대학생이 되어 캠퍼스를 누빌 때와 취업해서 새로운 직장을 다닐 때의 공통점이 있다. 새로운 환경에 기대와 설렘을 갖는다는 것이다. 내게는 공통점이 하나 더 있다. '미안한 감정'이다. 기대로 마음이 부풀었다가 미안한 감정으로 인해 마음이 무거워진다. '인사' 때문이다.

 대학 입학 전 신입생 오리엔테이션을 다녀왔다. 같은 조 동기들과 싸이월드 일촌을 맺었다. 입학 후에도 같이 수업을 듣고 식사도 하며 친하게 지냈다. 학교 생활에 적응해갈 즈음, 동기 하나가 내 싸이월드 방명록에 글을 남겼다. 캠퍼스에서 나를 보고 반갑게 인사했는데, 모른 척하고 그냥 지나가 버려서 상처받았다고 했다. 큰 충격을 받았다. 인사를 했는데 내가 모른 척했다고? 그럴 리 없다. 봤다면 분명히 나도 반갑게 인사를 했을 것이다. 모른 척한 게 아니라,

보지 못한 거였다.

그가 글을 남기자 다른 동기, 선배들도 주섬주섬 그간 못했던 이야기를 꺼냈다. 누군가 인사를 했지만, 내가 '모른 척'하고 지나친 일이 한두 번이 아니었다. 법대 건물 안에서, 또는 캠퍼스에서 누군가 날 알아보고 반갑게 인사를 한다. 그런데 저시력으로 잘 보이지 않으니까 알아보기 어렵다. 완전 가까이, 코앞에서 손을 흔들며 인사했다면 알아봤을 텐데, 인사라는 게 멀리서도 하는 거니까.

그 동기가 진짜 상처받은 것은 아니었다. 전체적으로는 농담에 가까웠다. 단지 '인사했다는 사실'을 알리고 싶었던 것이다. 모두 내가 잘 보지 못하는 줄 아니까 말이 나온 김에 자기도 그런 일이 있었다고 기분 나쁘지 않게 이야기한 것이다. 하지만 농담이라도 미안한 마음이 들었다. 아는 사람을 보고 반갑게 인사했는데 상대방이 그냥 지나가 버린다면, 누구라도 무안할 것이다. 여러 사람한테 그랬다니 더욱 착잡했다.

2023년 6월부터 일했던 서울연구원에서 가장 인상적인 것은 '인사'였다. 직원들이 하나같이 인사를 너무 잘했다. 출근할 때 타는 셔틀버스 기사님도 직원들이 타고 내릴 때마다 인사를 하셨다. '나도 인사를 잘해야겠다'고 생각하다가 앞이 잘 보이지 않는다는 게 또 마음에 걸렸다. 셔틀버스를 탈 때는 운전석을 향해 인사하면 된다. 내릴 때도 버스 앞문을 향해 걸어가면서 운전석을 향해 묵례하면 된다. 버스를 탈 때는 기사님이 마주 인사하는지 보기 힘들지만, 내릴 때는 줄 서서 천천히 앞쪽으로 걸으면 사람들이 인사하는 것과 기사님이 답례하는 모습이 보인다. 기사님은 내리는 직원들에게 연신 고개를 끄덕여 답한다. 나도 내리면서 꾸벅 인사를 했다.

어려운 건 건물 안에서다. 버스는 타고 내릴 때 운전석과의 거리가 가깝고 제한된 공간이라서 인사하기가 어렵지 않다. 회사 내부는 사정이 다르다. 버스보다 훨씬 넓고 언제 어디서 누구를 마주칠지 알 수 없다. 내 연구실은 1층 복도 끝이다. 출근할 때, 화장실이나 탕비실 다녀올 때, 식사하고 올 때마다 긴 복도를 걸어서 연구실로 간다. 맞은편에서 누군가 걸어오는 모습이 흐릿하게 보인다. 가장 난처한 순간이다. 복도가 제법 길어 어느 정도 떨어져 있으면 내게 인사하는 모습을 보기 어렵다. 다들 인사를 잘하기 때문에 분명 내게 묵례를 할 것이다. 마주 오는 사람끼리는 아주 가까워지기 전에 적당한 거리에서 인사하기 마련이다. 그래서 복도에서 누군가를 만나면 인사를 두 번 한다. 마주 오는 사람이 눈에 띄면 일단 고개를 숙인다. 그리고 거리가 가까워졌을 때 묵례를 한 번 더 하는 것이다. 이렇게 해야 마음이 놓인다. 내 사정을 모르는 직원들은 이상하게 생각할 수도 있겠다. 두 번 인사를 받아도 이상하고, 서로 인사하는 타이밍이 엇갈려도 의아할 것이다. '뭐지?'

괜히 인사를 잘 하지 않는다는 인상을 줄까 걱정도 된다. 의도와 전혀 달리 오해할 수밖에 없는 상황이 생긴다. 그때마다 미안하다. 해리포터처럼 '호그와트의 비밀지도'가 있으면 좋겠다고 생각할 때가 있다. 서울연구원 내에 지금 누가 어디에 있는지, 내 쪽으로 오고 있는 사람은 누구인지 확인할 수 있다면 적절한 순간에 인사를 건넬 텐데.

그래도 보이는 한 열심히 최선을 다해 인사한다. 누구에게든 고개를 숙이고 가끔은 셔틀버스 기사님께 인사말을 건네기도 한다. 내가 '인사를 잘한다'는 걸 알려주고 싶다. 누군가에게 미안한 감정이 생기지 않았으면 좋겠다.

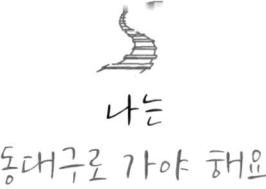

나는
동대구로 가야 해요

서울로 오기 전에는 경북 경산에 거주하면서 프리랜서로 활동했다. 활동 폭이 점점 넓어지면서 일주일에 한두 번은 서울이나 경기 지역으로 강연이나 취재를 갔다. 그날도 활동지원사와 함께 KTX를 타고 수원에 있는 경기대학교로 향했다. 취재를 잘 마치고 지하철로 수원역에 도착했다. 평소처럼 코레일톡 어플을 찾아서 예매해둔 표를 활동지원사에게 보여주었다. 나는 안내방송을 듣지 못하고 전광판의 숫자, 기차의 차량 번호와 좌석번호를 보지 못한다. 내가 예매한 기차의 좌석까지 안내하는 게 활동지원사의 역할이다. 기차를 많이 타 본 사람에게는 그리 어려운 일이 아니다.

내 휴대폰을 받아 들고 예매해둔 승차권을 확인한 활동지원사는 앞장서서 걷기 시작했다. 에스컬레이터를 타고 승강장으로 내려가는데, 기차가 들어와 있었다. 시계를 확인하니 예매한 시간과 거의 비슷했다. 활동지원사는 그 기차를 탔고, 나도 뒤를 따랐다. 좌석을 찾아가는데 문득 이상한 기분이 들었다. 기차를 많이 타봤지만 왠지 KTX가 아닌 것 같았다. 분명 수원에서 동대구로 가는 KTX를 예매했는데…. 내가 뭐라고 말하기도 전에 활동지원사는 예매한 좌석에 도달했다. 아니, 그런 것 같았다.

그 자리에는 다른 사람이 앉아 있었다. 활동지원사는 내 휴대폰을 보여주면서 거기가 우리 자리라고 했다. 자리에 앉아 있던 사람도 표를 보여주면서 자기 자리가 맞다고 했다. 활동지원사가 표를 번갈아 들여다보더니 '아차' 하는 게 느껴졌다. 기차를 잘못 탄 것이다. 활동지원사는 내게 따라오라는 몸짓을 한 뒤 앞장서 걷기 시작했다. 얼른 뒤를 따랐다. 객차 문까지는 무사히 갔지만 거기서 문제가 생겼다. 활동지원사가 내린 뒤 뒤따라 내리려고 할 때 문이 닫히기 시작한 것이다.

순간 머릿속에 오만 가지 생각이 스쳤다. 닫히는 문을 힘으로 멈추고 억지로라도 그 틈으로 내릴까? 그러다가 몸이 문에 끼면 어떡하지? 나만 기차를 잘못 타고 엉뚱한 곳으로 가면 어떡하지? 몇 초도 되지 않는 짧은 순간에 생각만 많았을 뿐, 아무런 행동도 하지 못했다. 문은 완전히 닫혔고 기차는 출발했다.

결론부터 이야기하면 예매했던 기차가 '몇 분 지연된다'고 수원역에서 안내방송이 나왔는데, 활동지원사가 그걸 듣지 못했다. 그는 취재가 끝나고 지하철을 탈 때부터 이어폰을 귀에 꽂고 뭔가 듣고 있었다. 수원역에 도착해서도 이어폰을 빼지 않아 기차가 지연된 것을 몰랐다. 승강장에 들어와 있던 기차가 출발시간이 거의 비슷해서 그냥 탔던 것이다.

내가 탄 기차는 동대구가 아닌 전라도로 가는 새마을호였다. 바로 뒤에 '진짜' 동대구로 가는 KTX가 왔고 활동지원사는 그걸 탔다. 잘못 탄 기차에서 그가 먼저 내린 후, 닫힌 기차의 문을 사이에 두고 서로 바라본 게 마지막이었다. 그 일을 계기로 활동지원사 일을 그만두었기 때문이다.

일단 기차를 잘못 탔으니 도움을 청해야 했다. 그 자리에 서 있으니 곧 승무원이 나타났다. 얼른 사정을 이야기했다. 시청각장애가 있으니 하실 말씀은 손바닥에 글로 적어달라고 덧붙였다. 하지만 의사소통 방법을 그렇게 강조했는데도 계속 '말'을 했다. 좀 더 큰 목소리로 다시 이야기했다. 청각장애가 있으니 말로 하지 말고 손바닥에 글로 적어달라고. 그 정도면 이해하려니 했는데 이번에도 아니었다.

이제 그는 들고 있던 스마트폰 크기의 무언가를 받치고 종이를 펼쳤다. 그리고 거기에 적기 시작했다. 기차 내부는 어두웠고, 스마트폰 크기의 종이에 적는지라 글자 크기도 작을 수밖에 없었다. 도저히 읽을 수기 없었다. 답답해진 나는 시각에도 장애가 있어서 그 글자를 읽기 힘들다고 말한 뒤, 손바닥에 글로 적는 제스처를 취하면서 그렇게 해달라고 설명했다. 그제야 승무원은 고개를 끄덕이고 내 손바닥에 글자를 적으려고 했다. 마음을 놓는 순간, 깜짝 놀라서 그의 행동을 저지했다. '손바닥 필담'은 손가락으로 적으면 되는데, 펜으로 내 손바닥에 글씨를 쓰려고 했던 것이다. 겨우 손바닥 필담을 주고받을 수 있었다.

승무원의 도움 덕에 천안에서 내려 동대구로 가는 새마을호를 탔다. KTX가 아니라서 예정보다 시간이 걸렸는데, 그만큼 돌아오는 길에 많은 생각을 했다. 활동지원사에 대한 생각에서 시청각장애인에 대한 이해까지. 대한민국에서 시청각장애인이 온전히 인간답게 살기까지는 얼마나 오랜 시간이 필요할까? 활동지원사가 시청각장애에 대해서 충분히 이해하고 눈과 귀가 되어주어야 함을 잊지 않았다면 기차를 잘못 타지 않았을 것이다. 물론 활동지원 중에도 스마트폰을 볼 수 있고, 이어폰으로 노래를 들을 수도 있다. 하지만 지원 대상이 시청각장애인이라면 언제 어떤 순간에 눈과 귀가 되어줘야 하는지 잊어서는 안 될 것이다.

또 승무원처럼 다양한 고객을 만나는 사람에게 장애에

대한 이해나 인식개선교육을 할 때는 형식적인 수준에 그쳐서는 안 된다. 단순히 시각장애나 청각장애가 무엇인지 설명하는 것만으로는 어떻게 응대하고 의사소통해야 하는지 알기 어렵다. 교육 시간이 짧은 만큼 실생활에서 일어날 수 있는 사례를 들려주며 충분히 이해하고 소통할 수 있도록 도와주어야 한다. 그 승무원이 장애와 의사소통의 다양성을 충분히 알았다면 시청각장애와 의사소통 방법을 바로 이해하고 도와줬을 것이다. 만약 전혀 보지도 못하고 전혀 듣지도 못하는 시청각장애인이 그런 상황에 놓인다면 제대로 지원이나 도움을 받을 수 있을까?

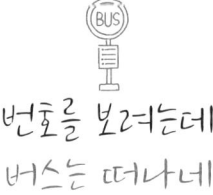

번호를 보려는데
버스는 떠나네

카페에서 사람을 기다리다가 무심코 창밖을 내다보니 버스 두 대가 서 있다. 파란색과 초록색 시내버스다. 스마트폰으로 사진을 찍어 확대해보았다. 버스 측면에 번호가 쓰인 위치가 각각 다르다. 앞에 있는 파란색 버스는 '604'라는 번호가 뒷바퀴 바로 위에 있고, 뒤에 있는 초록색 버스는 '3027'이라는 번호가 운전석 아래에 있다. 초록색 버스의 뒷부분은 나무로 가려져 그쪽에는 번호가 있는지 없는지 알 수 없다.

버스 번호의 위치가 무슨 의미가 있냐고? 저시력 시각장애인에게는 버스 번호를 확인하는 데 상당한 불편이 따른다. 비장애인은 정류장에서 기다리고 있다가 다가오는 버스 '앞'에 있는 번호를 보면 된다. 급히 뛰어오느라 앞에 있는 번호를 보지 못했다면 모를까, 굳이 버스 옆을 볼 필요가 없다. 반면 저시력 시각장애인은 시야와 시력이 저마다 다르기도 하려니와, 일단 버스 앞에 있는 번호를 보기가 쉽지 않다. 버스가 움식이고 있다면 말할 깃도 없다. 버스가 멈춘 뒤 앞으로 다가가 확인하는 방법은 위험하다. 얼른 버스 앞쪽을 사진으로 찍은 뒤 확대하는 방법도 있겠지만 번거롭고 불편하다. 오해를 살 염려도 있고.

저시력 시각장애인이 버스 번호를 구분하는 가장 좋은 방법은 버스 '앞'이 아니라 '옆'을 보는 것이다. 버스 옆은 공간이 상대적으로 넓기 때문에 글자가 커서 훨씬 편하게 번호를 확인할 수 있다. 하지만 파란색과 초록색 버스처럼 버스 옆에 쓰인 번호는 위치가 일정하지 않다. 버스 앞은 공간이 제한되어 있고, 기사의 시야에 방해가 되지 않도록 버스 번호의 위치가 운전석 반대쪽 윗부분으로 비교적 일정하다.

저시력 시각장애인은 시야와 시력에 따라 볼 수 있는 정도도 다 다르고, 자신이 봐야 할 부분만 보려는 경향이 있으며, 터널시야처럼 특정 부분만 보이는 경우도 있다. 버스 뒷바퀴 위에 번호가 쓰여 있으리라 생각하고 거기에만 집중하는데 정작 번호는 운전석 아래에 쓰여 있다면 알아볼 방법이 없다.

또 한가지 문제가 있다. 정류장에 여러 대의 버스가 한꺼번에 들어올 때, 저시력 시각장애인은 가까이 다가가 일일이 버스 옆을 확인해야 한다. 비장애인은 아무리 많은 버스가 줄지어 서 있어도 앞에 있는 번호를 보고 앞문으로 타면 된다. 하지만 저시력 시각장애인은 앞문을 지나서 옆에 있는 숫자를 확인한 후, 그 버스가 맞다면 앞문으로 되돌아가야 한다. 이때 버스 기사는 승객이 이미 앞문을 지나쳤기 때문에 뒤에 있는 버스를 타려는 사람으로 생각하고 앞문을 닫고 버스를 출발시킬 수 있다.

역설적이지만 버스를 기다리는 사람이 아무도 없으면 번호를 확인하기가 더 어렵다. 저시력 시각장애인이 다가가 번호를 확인하려는데 버스가 출발한다. 앞문을 열어줬는데 타지 않으니 그냥 가버리는 것이다. 기다리는 사람이 있다면 버스 옆의 번호를 확인할 여유가 조금이나마 있지만, 아무도 없으면 버스를 놓칠 가능성이 크다. 조금 걷더라도 사람 많은 정류장으로 가는 편이 번호를 확인하고 버스를 타기에 안전하다.

버스 측면에는 광고도 있다. 잘못하면 광고와 번호를 혼동할 수 있다. 버스마다 색깔이 다른 것도 색약이나 색맹이 있는 시각장애인에게는 큰 어려움이다. 물론 디자인이 다양하고 예쁜 것은 중요하다. 광고도 나름 선기능이 있을 것이다. 그러나 시민의 교통수단인 만큼 모든 사람이 편리하고 안전하게 이용하는 것이 우선이다. 디자인에 대해서는 잘 모르지만, 전문가들이 장애인을 고려해 깊이 궁리해본다면 방법이 있을 것 같다.

  장애인이 지하철 한번, 버스 한번 타려면 비장애인이 짐작하지 못할 어려움이 곳곳에 도사리고 있다. 무엇보다 장애인의 입장에서 생각해보는 마음이 중요하다. 누구의 지원도 받지 않고 마음 편하게 시내버스를 타보고 싶다.

나도 내 목소리를 모른다

 난 후천적 장애인이기 때문에 어렸을 때, 즉 비장애인일 때 말을 배웠다. 초등학교 저학년 때는 반장도 하고 발표도 많이 했다. 하지만 장애가 생기면서 말을 통한 의사소통이 어려워지자, 말수가 점점 줄었다. 중고생이 되고는 주변에서 내 장애를 제대로 이해하지 못해 거의 말을 하지 않고 지냈다.

 대학생이 된 후 캠퍼스 내에 있는 교회에 다니면서 비로소 다시 말을 하기 시작했다. 교회 소그룹 모임에서 삶의 이야기를 나누거나 간증할 때는 말을 해야 한다. 교회 청년들과 교류하면서 말할 기회가 늘어난 것도 도움이 되었다. 그런데 오랜 기간 거의 말을 하지 않고 지낸 탓에 발성과 발음이 상당히 달라졌다. 집에서도 좀 길게 이야기하면 엄마는 이렇게 말씀하신다.

"니 말하다가 숨 넘어갈 것 같다."

그도 그럴 것이 이제 전혀 듣지 못해 사람들이 어떻게 말하는지도 모른다. 목에서 나오는 대로 말하니, 남이 듣기에는 부자연스러울 것이다. 주변 사람들도 '동굴 속에서 들려오는 목소리 같다', '목소리가 울린다', '웅얼거린다'라고 한다.

장애인식 개선교육을 위해 한 초등학교에 방문했을 때, 활동지원으로 동행했던 분이 이런 이야기를 해주었다. 강의를 듣던 학생 몇몇이 수군거렸다고. 강사의 발음이 부자연스럽다는 말을 한 것 같다고. 그땐 강사로 활동을 막 시작한 참이라 큰 충격을 받았다. 알아듣기 어려운 정도만 아니라면 그냥 받아들여주면 좋았을 텐데. 그 일을 계기로 '말하는 것'에 대해 신경을 쓰기 시작했다.

마침 그때 친구 재경이가 자취방에 놀러 왔다. 같이 축구를 보는데, 좋아하는 팀과 선수에 대해 이야기하다가 재경이가 내 손에 무언가를 적었다.

"너 말할 때 왜 입으로 숨을 쉬노?"

무슨 뜻인지 몰라 되물었다.

"왜? 무슨 문제라도 있나?"

"보통 사람들은 말을 할 때 코로 숨을 쉬거든. 근데 너는 코로 숨을 안 쉬고 입으로 쉬더라."

아하, 그랬구나! 사람들이 말할 때 입모양을 보거나 말소리를 듣지 못하니까 나름의 방식대로 말했는데, 그 '방식'에 대해 구체적으로, 그리고 처음 언급해준 사람이 바로 재경이다. 내가 그때까지도 그런 사실을 몰랐다는 걸 알고 재경이는 그 자리에서 '바르게 말하기'를 연습해보자고 했다.

"내가 말하는 걸 가까이에서 보고 따라해봐라."

그리고 어떤 문장을 읽는데, 평소 말하던 모습과 사뭇 달랐다. 단어 몇 개를 말한 뒤 잠시 쉴 때 '코'로 숨을 들이쉬고, 다시 몇 개의 단어를 읽은 뒤 또 '코'로 숨을 쉬었다. 코로 숨쉴 때는 내가 그 모습을 제대로 볼 수 있도록 동작을 크게 했다.

"한번 따라해봐라."

심호흡을 하고 말을 시작했다. 얼마 가지 않아서 재경이가 '잠깐만!' 하면서 손을 들었다. 그리고 내 코 밑에 자기 검지손가락을 갖다 대더니 내 손에 뭔가를 적었다.

"코로 숨쉬어봐라."

내가 코로 크게 숨을 쉬자, 재경이는 고개를 끄덕인 뒤 다시 내 손에 적었다.

"방금 코로 숨쉰 거를 말하는 중간에도 적용해봐라."

다시 시작했다. 재경이가 내 어깨를 치며 신호를 보내면 말을 멈추고 코로 숨을 내쉬었다. 이어서 계속 말하다가 신호를 보내면 또 멈추고 코로 숨을 쉬었다. 재경이가 엄지를 척 들어 보였다. 만족스러운 미소가 얼굴 가득 피어났다.

"말할 때 그렇게 하는 거다."

같이 웃으면서 동시에 혼란스러움을 느꼈다. 장애가 생긴 뒤 방금 재경이가 알려준 방법으로 말한 적이 단 한 번도 없었다. 그때까지 내내 '코'가 아니라 '입'으로 숨을 쉬면서 말했다. 그래서 발음이 동굴 속에서 들려오는 것처럼 울렸던 것이다.

재경이가 친구를 위해 코로 크게 숨을 쉬고, 내가 코로 숨 쉬면서 말하는지 확인하려고 내 코 밑에 손가락을 대는 상황이 우스웠다. 우정에 깊은 고마움을 느끼면서도, 한편으로는 걱정과 불안한 마음이 밀려왔다. 앞으로는 어떻게 해야 할까?

그 뒤로 언어치료학과 교수님도 만나보고 언어치료사도 만났다. 지금 내 상태가 어떤지, 언어치료를 받아야 하는지 알아보기 위해서였다. 그런데 내가 만났던 분들은 모두 같은 대답을 하셨다. 굳이 언어치료를 하지 않아도 됩니다. 지금처럼 말해도 충분히 괜찮습니다.

그렇지만 재경이가 해줬던 이야기가 마음에 크게 와닿아, 강의할 때 더욱 발음에 신경을 썼다. 일부러 말을 천천히 하고, 중간에 잠깐 멈추고 코로 숨을 쉬었다. 이대로도 충분히 괜찮다고 했지만, 혹시 내 이야기를 사람들이 제대로 듣지 못할까봐 걱정이 되고, 이상하게 들릴까봐 신경도 쓰였다.

어느 날, 강의를 들은 분이 내 블로그를 방문해 댓글을 남기셨다. 내 목소리에서 뭔가 느껴진다고. 내 목소리를 통해 전달되는 '나만의' 무언가가 있다고. 있는 그대로를 받아들일 수 있게 해준다고. 그제야 깨달았다. 말하다가 '입'으로 숨을 쉬더라도 있는 그대로의 나를 표현하는 게 더 중요하다. 사람들이 그렇게 한다고 꼭 거기에 맞춰야 하는 건 아니다. '다름'을 넘어 '다양성'을 받아들여야 한다.

이제는 내게 가장 편하고 가장 잘 할 수 있는 방식으로 말한다. 강연 횟수가 늘면서 자연스럽게 발음이 좋아지기도 했을 것이다. 하지만 무엇보다 자신의 모습을 인정하고 받아들인 덕에 더 편하게 말할 수 있게 된 것 같다. 듣는 사람들도 이젠 큰 어려움 없이 내가 무슨 말을 하는지 이해한다고 생각한다. 그래도 한 번에 세 시간씩 강연할 때는 중간에 쉬는 시간을 두어도 약간 힘들다. 내 말을 잘 못 듣는 사람이 있으면 안 되니까 발음을 분명히 하면서 목소리도 크게 내려고 한다. 세 시간 동안 (그것도 입으로 숨을 쉬면서) 그렇게 하려면 많은 에너지가 필요하다.

가끔 궁금하다. 나는 못 듣는 내 목소리. 어떤 목소리일까? 누군가는 중저음이라고 했다. 내 목소리를 들을 수 있다면 녹음해서 들어보고 아쉬운 점을 바로잡을 수 있을 텐데…. 그래도 이대로 충분히 괜찮다고 이젠 확신한다. 사람들이 남긴 강연 후기를 보면 알 수 있다. 이젠 그들도 내 목소리를 있는 그대로 받아들인다는 것을.

두 명이면 충분한 내 친구

배려왕, 김재환

　재환이는 중학교 2학년 때 같은 반이었다. 공부도 잘하고 선생님께 칭찬도 많이 받아서 친하게 지내고 싶었다. 하지만 의사소통도 제대로 되지 않았고, 자리도 멀리 떨어져 있어서 친해질 기회가 없었다.

　하루는 학교를 마치고 스쿨버스를 탔는데 재환이가 내 옆에 앉았다. 어떻게 말을 걸어볼까 고민하는데, 앞자리에도 같은 반 학생이 앉았다. 그 학생이 무릎으로 뒤돌아 앉아 우리를 보았다. 정확히는 재환이가 아니라 날 봤다. 의자 등받이 윗부분에 팔짱 낀 팔을 걸치고 날 내려다보며 계속 뭐라고 했다. 내가 듣지 못하는 걸 이용해 장난치고 욕을 하고 있다는 걸 그간의 경험으로 충분히 짐작할 수 있었다. 다른 학년들도 있는 버스 안에서 그런 짓을 하니 썩 기분이 좋지 않았지만, 상대할 가치도 없는 일이라 무시하고 창밖으로 시선을 돌렸다. 야이 오른녀석아 이 시신을 끄니고 안간힘을 쓰면서 계속 뭐라고 했다. 슬슬 짜증이 나려던 찰나에 나는 깜짝 놀랐다.

내 옆에 앉은 재환이가 그만하라고 손짓하며 그를 자리에 바로 앉게 했던 것이다. 워낙 단호한 태도라 녀석도 마지못한 듯 몸을 돌려 자리에 앉았다. 순식간에 상황이 일단락되었다. 누가 나설 것이라는 기대를 전혀 못 했던지라 너무 고마웠다. 감동한 얼굴로 바라보는데, 재환이는 그냥 씩 웃고는 듣고 있던 음악에 집중했다. 고맙다는 말 한마디도 하지 못했다. 내심 그 일을 계기로 친해지길 기대했는데, 아쉽게도 큰 진전이 없었다. 3학년 때는 다른 반에 배정되었고, 고등학교는 아예 다른 곳으로 가게 되어 자연스럽게 소식이 끊겼다.

재환이를 다시 만난 건 대학 때였다. 정말 우연히 고등학교 때 친구의 친구로 연결되었다. 우리도 사춘기를 지나 어엿한 성인이었기에 스스럼없이 반가워했다. 그리고 둘도 없는 친구가 되었다. 재환이가 군에 갔을 때, 주소가 나오자마자 편지를 보냈다. 금방 답장이 왔다. 또 한 번 놀랐다. 내 시력을 감안해 편지지에 글자를 아주 큼직하게 써서 보낸 것이다. 편지지 1장에 100자를 적을 수 있다면, 20자 정도를 적어 보냈다. 당연히 봉투가 두툼했다. 독서확대기 등 보조기기를 사용하지 않고도 편하게 소식을 알 수 있있다.

재환이는 진짜 배려심도 많고 착한 녀석이다. '피파온라인3'도 더 재미있게 할 수 있도록 전술과 함께 내가 몰랐던 정보도 많이 알려줬다. 지금 내가 스파게티를 혼자 만들 수 있는 것도 재환이 덕분이다. 만나서 술 한 잔 기울이게 되면 나눌 이야기가 끝이 없다.

푸른 나무 같은 산책남, 심재경

대학 때는 학교 안에 있는 교회를 다녔다. 같이 다니던 형과 식사를 하는데, 마침 혼자 먹는 학생이 있다고 해서 동석했다. 그는 내게 시청각장애가 있다는 말을 듣고 옆에 앉은 형에게 의사소통하는 방법을 물어보더니 내 옆으로 자리를 옮겼다. 그가 내 손에 뭔가를 적었다.

"나 심재경이다."

그렇게 처음 인사를 나눈 재경이는 대학에서 만난 최고의 친구다. 대학 졸업 전 마지막으로 기숙사 생활을 할 때는 룸메이트이기도 했다. 그때 재경이에게 수어를 가르쳐 주었다.

재경이는 별명이 '산책남'일 정도로 산책을 좋아한다. 대구대학교 경산캠퍼스가 꽤 큰데 내가 러닝을 하거나 어디를 다녀오다가 산책하던 재경이와 마주친 적이 한두 번이 아니다. 물론 먼저 알아본 적은 한 번도 없다. 늘 재경이가 먼저 다가와 다정히 인사를 건넸다.

하루는 산책남의 손에 이끌려 캠퍼스를 하염없이 돌아다녔다. 한적하면서도 탁 트인 곳이 나오자, 재경이가 갑자기 '야호!'라고 크게 외쳐보라고 했다. 웬 뚱딴지 같은 소리냐는 표정으로 바라보자, 자기가 먼저 두 손을 모아 입에 대더니 '야호!'라고 외쳤다. 그리고 내 손에 이렇게 적었다.

"너도 한번 해봐라."

얼떨결에 나도 탁 트인 곳을 향해 '야'와 '호'를 한마디씩 끊어서 크게 외쳤다. 살면서 그렇게 큰 소리로 외쳐 본 적이 또 있었나 싶었다. 마음속이 후련해지던 그 느낌. 마음만 먹으면 언제든지 할 수 있지만, 재경이 덕분에 처음 해본 경험이었다.

어쩌면 재경이는 내게 장애가 있어도 비장애인과 똑같이 부대끼며 살아가길 바랐던 것 같다. 그래서 비장애인이 하는 걸 똑같이 하게 해주려고 했고, 말할 때 입이 아니라 코로 숨쉬어야 한다는 것도 알려줬다. 덕분에 한동안 비장애인처럼 말하기 위해 코로 숨쉬는 연습을 하기도 했다. 지금은 나도 재경이도 내 정체성을 있는 그대로 받아들이지만, 잘 몰랐을 때는 둘 다 어떻게 하면 내가 비장애인과 비슷해

질지 고민했다. 이 문제로 뜨거운 논쟁을 하기도 했는데, 그 덕에 더욱 진한 우정을 키울 수 있었다.

  가수 안재욱의 노래 중 '친구'가 있다. 그 가사처럼 힘든 일이 있어서 깊은 밤이나 새벽에 전화해도, 전화해서 그냥 말없이 울어도 오래 들어주는 친구가 바로 재경이다. 자기 삶 하나 챙기며 정신없이 바쁘게 살아가는 시대. 고달픈 하루를 마무리하며 힘들고 지칠 때 연락하면 기다리고 있었다는 듯 곁에 있어 주는 친구가 바로 재경이다. 늘 푸른 나무처럼.

이상한 제도들

누구를 위한 편의제공인가

 법학을 전공한다는 데 대한 자부심은 정말 컸지만, 졸업 후 전공을 살려 취업까지 가는 과정은 결코 쉽지 않았다. 법대 선배들과 부모님은 가장 안정적인 직업이라며 공무원 시험 준비를 권유했다. 그래서 20대에는 대학 내에 있는 인재양성관에서 생활하며 수험생활을 했다. 인재양성관은 고시원 비슷한 곳이다.

 내가 준비한 시험은 법원직 공무원이라 불리는 '법원서기보'였다. 다른 공무원 시험보다 장애인 전형 커트라인이 낮은 편이고, 전공과 시험 과목이 많이 겹쳤기 때문에 충분히 가능성이 있다고 판단했다. 법대 학과사무실에서 조교로 일하던 선배가 기출문제를 구해 주셨다. 부끄러우면서도 충격적인 고백이지만, 그 기출문제를 풀고 받은 점수가 내 공무원 시험 경력에서 가장 높았다. 공부도 제대로 하지 않고 '맛보기'로 쳤던 시험이 역대 최고 점수였다니 정말 웃픈 일이 아닌가.

그도 그럴 것이 그 문제지는 내가 편하게 볼 수 있는 크기로 확대 인쇄했고, 시간 제한도 두지 않았다. 큰 부담 없이 자신 있는 문제는 꼼꼼하게 읽으면서 풀었고, 모르는 문제는 과감히 포기했다. 답을 맞춰보니 법 과목 외에 국어와 한국사도 점수가 나쁘지 않았다.

본격적으로 준비한 후 응시한 시험에서는 그 점수를 넘지 못한 분명한 이유가 있다. 그것도 한 가지가 아닌 두 가지다. 모두 '장애인 편의제공'과 관련된 문제다. 먼저 응시자가 저시력인 경우에는 장애인 편의제공 규정에 의해 '확대 문제지'를 신청할 수 있다. 문제지를 A3 규격으로 118% 확대해서 수험생에게 제공하는 것이다. 하지만 말만 '확대'일 뿐, 실제 저시력 시각장애인 수험생이 제대로 글자를 읽고 문제를 푸는 데 얼마나 도움이 될지는 미지수다. 내 시력으로는 118% 확대된 문제지가 원래 문제지와 큰 차이가 없었다. 그래서 '휴대용 독서확대기 지참 허용'이라는 편의제공 사항을 추가로 신청해야 했다.

확대 문제지가 도움이 되지 않는 가장 큰 이유는 저시력 시각장애인 수험생이 '글자를 읽을 수 있도록' 하기보다 '시험 문제지를 확대해서 제공한다는 것' 자체에 초점을 맞추기 때문이다. 편의를 제공하려면 장애 정도에 맞춰 시험 문제를 보는 데 불편이 없도록 해주어야 하는데, 공무원 시험 주관 기관은 '일률적으로' 몇 %를 확대 제공하면 된다는 인식을 가진 것 같다. 똑같이 저시력으로 분류된다고 해도 시력과 시야 장애에 따라 볼 수 있는 정도는 천차만별이다. 무조건 118% 확대하면 모든 시각장애인이 문제없이 읽을 수 있을 것이라는 생각이 어떻게 나왔는지 의아할 뿐이다. 시각장애인 개개인에게 어떤 글자체와 확대 배율이 적절할지 파악한 후, 거기에 맞는 시험 문제지를 제공하는 것이 진정한 장애인 편의제공이 아닐까?

내가 받은 시험지에는 문제와 지문의 글자체와 굵기가 다르게 인쇄된 부분이 있었다. 문제는 굵은 고딕체, 지문은 가는 바탕체였다. 이런 경우 내 시력으로는 읽기에 혼란스럽고 그만큼 시간이 걸린다. 예를 들어 영어 알파벳은 굵은 고딕체로 써도 'e'의 가로선 부분은 가늘게 인쇄된다. 저시력인 사람은 'e'가 아니라 'c'로 볼 수 있다. 지문의 'eat'는 굵은 고딕체로 써도 'cat'로 읽히는 것이다. 한글도 'ㅔ'와 'ㅖ'의 구분이 쉽지 않아 국어 과목에서 어휘나 맞춤법 문제를 풀 때 어려움을 겪는다.

이런 부분에서 편의를 제공하기는 전혀 어렵지 않다. 대구대학교 장애학생지원센터에서 조교로 일할 때, 시각장애

학생을 위해 대체도서 제작 업무를 담당한 적이 있다. 그때 나는 저시력 시각장애 학생이 확대도서 제작을 요청하면 선호하는 글자체와 글자 크기를 따로 신청하도록 안내했다. 그렇게 하면 시각장애 학생이 원하는 글자체와 글자 크기로 제작된 책을 제공할 수 있다. 국가 기관에서 주관하는 시험인데 일개 대학교 장애학생지원센터만큼도 못한다는 게 말이 되는가?

두 번째 문제는 '시험 시간 연장'이다. 확대 문제지에서 보듯 시험에서 장애 특성을 충분히 고려할 수 없다면, 시간이라도 충분히 줘야 한다. 그래야 문제를 읽는 데 아무 불편이 없는 비장애인과 '공정한' 경쟁을 할 수 있다. 하지만 연장해 주는 시간은 턱없이 짧다. 내가 법원서기보에 응시할 때는 장애 정도에 맞춰 시험 시간을 연장해주는 것이 아니라 오직 한 가지 옵션, '1.2배 연장'이 전부였다. 20분을 더 주는 것이다. 법원서기보는 법 관련 과목이 다섯 개나 되는데, 판례가 많아서 지문이 상당히 길다. 국어와 영어도 꽤 긴 지문이 출제되곤 한다. 118% 확대된 문제지에 휴대용 독서확대기를 들이대고 그렇게 긴 지문을 한 자씩 읽으면서 문제를 풀어야 하는 시각장애인에게 20분 연장이 과연 실효성 있는 편의제공일까?

'공무원 시험'이라고 하면 으레 떠올리는 행정직 9급 시험은 장애인 수험생이 시험 시간 연장을 신청할 경우, 1.2배 외에 1.5배, 1.7배의 시험 시간을 허용한다. 하지만 수험생 자신이 원하는 항목을 선택할 수는 없다. 장애 정도와 특성에 따라 맞춤 편의제공을 해야 하지만, 실제로는 공무원 시험 주관처에서 '틀'을 다 만들어 놓고 장애인을 거기에 끼워 맞춘다. 예컨대 A 유형 장애인 수험생은 1.5배 시험 시간 연장이 필요하지만, 규정상 1.2배의 시험 시간만 제공하는 식이다. 도대체 누구를 위한 편의제공인가?

법원서기보가 되기 위해 시험 준비에 최선을 다했지만, 성적은 제자리였다. '맛보기'로 쳤던 점수를 단 한 번도 넘지 못했다. 장애인 편의제공이라는 제도가 엄연히 존재하지만 내게는 아무 도움이 되지 않았다. 공무원 시험을 치고 나올 때마다 스스로에게 수없이 물었다. '언제까지 이렇게 해야 할까?' '과연 희망이 있는가?' 기약도 없고 희망도 없는 생활이었지만, 그래도 그 시간이 결코 헛되지는 않았다. 오랫동안 공부한 지식이 지금도 소중한 자산이 되는 데다, 무엇보다도 너무 힘들어서 첼로를 배우고 싶다는 생각이 들었기 때문이다.

시청각장애는 안 된다

공무원 시험 성적이 전혀 오르지 않자, 다른 취업 기회를 알아보았다. 그러던 중 발견한 곳이 '장애인직업능력개발원'이다. 장애인이 국가 지원을 받아 컴퓨터나 바리스타, 제과제빵 등의 자격증을 취득할 수 있도록 훈련받는 곳이다. 컴퓨터 자격증이라도 따 보려고 집에서 가까운 장애인직업능력개발원을 방문했다. 미리 연락을 하고 갔기에 바로 담당자와 이야기를 나누었다. 함께 공무원 시험을 준비하던 후배가 활동지원 역할로 동행했다. 난 말로 질문하고, 담당자의 답변은 후배가 노트북에 문자로 통역해주었다.

장애인직업능력개발원은 장애 유형별로 반을 나눈다. 시청각장애반은 없었다. 그러니까 난 시각장애 특화반이나 청각장애 특화반 중 한 쪽에 들어가야 했다. 시각장애 특화반은 강사가 하는 말을 '들으며' 훈련을 받고, 청각장애 특화반은 강사의 말을 수어통역사가 통역하는 것을 '보면서' 훈련을 받는다. 시청각장애인은 강사의 말을 듣지 못하고, 수어통역도 보기 어렵기 때문에 어느 반에서도 훈련을 받기가 쉽지 않았다.

나는 물었다. 시각장애 특화반과 청각장애 특화반 중 어느 한 쪽에 들어가되, 활동지원사와 동행해서 문자통역을 받으면서 배울 수는 없느냐고. 담당자는 딱 잘라서 안 된다고 했다. 장애인직업능력개발원에서 훈련받은 장애인을 채용하려는 사업체나 회사는 '혼자서' 일할 수 있는 장애인을 원한다고 했다. 활동지원사의 지원을 받아야 한다면 자격증을 따도 취업하기 어려울 거라고 했다.

정면으로 반박했다. '시청각장애 특화반'이 있다면 저도 혼자서 충분히 훈련받을 수 있습니다. 청각장애 특화반에서 훈련받는 청각장애인은 강사의 말을 듣지 못하기 때문에 수어통역을 받는다. 나도 강사의 말을 듣지 못하고 수어통역을 보지 못하니까 내가 볼 수 있는 만큼 확대된 글씨로 활동지원사에게 문자통역을 받겠다는 것이다. '문자'와 '수어'라는 통역 방법만 다를 뿐, 통역을 통해 '혼자서' 훈련받는 건 마찬가지 아닌가?

2016년 미국에 갔을 때도, 2018년 일본에 갔을 때도, 시청각장애인에 대한 통역이나 지원은 '일대일' 방식이었다.

시청각장애인은 보고 듣는 데 모두 어려움이 있으므로 시각장애인이나 청각장애인 지원과는 달라야 한다. 특히 미국에서는 시청각장애를 'deaf-blind'라고 하는데, 현지에서 만난 사람은 'deaf-blind time'이라는 단어를 사용하기도 했다. 시청각장애인은 의사소통이나 행동이 느릴 수밖에 없으므로 그 속도와 특성을 존중해야 한다는 것이다. 우리나라에는 이런 게 없다.

담당자는 꿈쩍도 하지 않았다. 장애인직업능력개발원에는 시청각장애 특화반이 없기 때문에 훈련받을 수 없다는 말만 앵무새처럼 되풀이했다. 뭔가 배울 수 있으리라는 기대에 차 방문했다가 빈손으로 발길을 돌릴 수밖에 없었다. 대한민국이 장애인이 살기에 계속 좋아진다고들 한다. 동의할 수 없다. 난 대한민국 국민이면서 장애인이지만 제도적으로 보장된 지원을 제대로, 아니 전혀 받지 못하기 때문이다. 헌법에 보장된 직업선택의 자유도 누리지 못했고, 장애인복지법에서 규정된 15가지 장애 유형에 포함되지 않는다는 이유로 국가 지원 대상자에서도 제외된다.

모든 장애인은 다르다. 따라서 장애인을 지원하려면 장애의 유형과 정도, 특성을 고려해 제도를 장애인에 맞춰야 한다. 정부에서 임의로 제도를 정해 놓고 장애인에게 거기 맞추라고 해서야 되겠는가?

의사진단서는 왜
시험 전에 제출하나요?

어떤 시험이든 장애인이 응시할 경우 법에 따라 정당한 편의제공을 신청할 수 있다. 시험 주관부처에서 정한 방법으로 신청하면 된다. 문제는 신청한다고 해서 모두 편의를 제공해주는 게 아니라는 데 있다. '절차'가 필요한데, 정작 그 절차가 사람 잡는다.

가령 시각장애인이 '시험 시간 1.5배 연장'이라는 편의제공을 신청한다고 해보자. 이때 병원에서 '의사진단서'를 발급받아 시험 주관부처에 제출하는 '절차'가 필요하다. 진단서에는 응시자의 장애 상태가 어떤지, 왜 해당 편의제공이 필요한지 등을 적고 의사가 서명한다.

그런데 이 절차를 꼭 시험을 치기 전에 거쳐야 하는지 궁금하다. 공무원 시험은 보통 두세 달 전에 접수한다. 장애인 응시자도 마찬가지다. 신청한 편의제공 항목에 의사진단서가 필요하다면 병원에서 발급받아 시험 주관부처에 제출해야 한다. 주관부처에서는 진단서를 검토한 후 편의제공 가능 여부를 통보한다. 진단서가 정해진 기준에 맞으면 문제가 없지만, 기준에 부합하지 못할 수도 있다. 이때는 주관부처의 안내에 따라 다시 병원을 찾아가 진단서를 재발급받아야 한다.

시험을 코앞에 두고 온 신경이 집중되어 예민한 수험생이 꼭 병원에 가서 진단서를 발급받아야 하나? 이미 장애로 등록했어도, 진단서를 받으러 가면 다시 검사하는 경우가 많다. 쉽게 발급해주지 않는다는 말이다. 병원에 가면 바로 검사를 받기도 쉽지 않다. 예약제로 운영되는 병원이 많아 미리 예약을 해야 하고, 장애 유형이나 정도에 따라 검사가 한 번으로 끝나지 않을 수도 있다. 몇 가지 검사를 받는다면 접수하고 대기하고 검사받는 데 적잖은 시간이 소요된다. 거기에 병원에 오가는 시간을 더하면 하루가 꼬박 걸린다.

수험생은 시험이 임박한 상황에서 1분 1초도 허투루 보내고 싶지 않다. 한 글자라도 더 보고싶다. 장애인이 정당한 편의제공을 받기 위해 병원을 방문하고 검사를 받는 데 그렇게 긴 시간을 보내야 한다면 그 자체가 비장애인에 비해 불공정한 대우를 받는 것이다. 더구나 진단서를 제출해야 할 정도라면 장애가 심한 경우가 대부분이다. 경증장애인이라도 장애인 편의제공을 '신청'만 하면 되지 시험 칠 때마다 진단서를 내라는 것은 지나친 치사다.

꼭 진단서가 필요하다면 차라리 시험이 끝난 뒤 증빙자료로 제출하면 어떨까? 시험 전에는 다른 수험생처럼 온전히 시험에만 집중하고, 시험이 끝난 후 제출해도 늦지 않을 것이다. 장애 정도가 심하다면 비장애인보다 공부하는 데 더 많은 시간이 소요될 수 있다. 그런데도 병원을 방문해 아까운 시간을 허비해야 한다면 진정한 장애인 편의제공이라고 할 수 없다.

어떤 부처에서는 진단서를 제출한 장애인 수험생이 다음 해에 다시 편의제공을 신청하면 진단서 제출을 면제한다. 하지만 이때도 1회에 한해 인정할 뿐, 2년 후에 재응시하면 다시 진단서를 제출해야 '정당한' 편의제공을 받을 수 있다. 장애인은 정도가 심하든 그렇지 않든 이미 장애 진단을 받았고 복지카드도 있다. 이때 병원에서 검사도 받고 진단도 받는다. 굳이 또 병원을 방문해 검사를 받아야 할까?

법원서기보 시험을 준비할 때 나는 활동지원서비스를 이용하지 않았다. 대학원에서 법학을 전공할 땐 교내 장애학생지원센터에서 문자통역을 지원해주었고, 그 외엔 교내 인재양성관에서 공부했기 때문에 활동지원서비스가 크게 필요하지 않았다. 그런데 진단서를 뗄 때는 혼자서 병원에 가기가 힘들었다. 학교가 있는 경산에서 포항까지 내려갔다. 아빠가 반차를 쓰고 포항역으로 날 데리러 왔다. 아빠와 함께 병원에 가서 다시 눈과 귀 검사를 받고 의사진단서를 발급받았다. 시험이 얼마 남지 않았기에 그때마다 아빠가 포항에서 경산까지 태워주셨다. 내 시간도 아까웠지만 아빠의 귀한 시간을 그렇게 쓰는 것도 아까웠다.

장애인 수험생도 비장애인처럼 온전히 시험에만 집중할 수 있는 환경을 마련해야 한다. 그것이 공정이다. '편의제공'의 목적이기도 하다.

혼자 이용하기 어려운 장애인콜택시

장애인콜택시는 문자 그대로 장애인이 '콜'해서 이용하는 특별교통수단이다. 당연히 장애인이 편하게 이용할 수 있어야 할 텐데 실상은 그렇지 않다. 일단 이용하려는 장애인 수에 비해 택시 수가 턱없이 적어, 접수 후 배차까지 오랜 시간이 걸린다. 접수나 예약 방법도 지역마다 달라서 혼란스럽고 불편하다.

여기까지가 장애인콜택시의 일반적인 문제라면, 난 '혼자' 이용하기 어렵다는 점이 불편하다. 시청각장애의 특성에 맞는 장애인콜택시는 어디에도 없기 때문이다. 등록할 때 장애 유형을 명시했지만 소용없다. 나는 주로 '장애인콜택시'와 '나비콜'을 이용하는데, 매번 마음 졸이고 긴장한다. 장애인을 위한 교통수단이 있다는 건 물론 좋은 일이지만, 이렇게 불편하다면 뭔가 잘못된 것 아닐까?

장애인콜택시는 대개 전화로 접수한다. 일단 난 전화를 쓰기 어렵다. 누군가에게 부탁해야 한다. 그러려면 원히지 않아도 현재 내가 있는 곳과 가려는 목적지를 알려줘야 한다. 여기서 끝이 아니다. 15분 간격으로 배차 여부를 '문자'로 보내주는데, 배차되면 문자가 아니라 '전화'가 온다. 대개 몇 분 뒤 도착하는지 알리기 위해서다. 이때도 전화를 받지 못하니 당혹스럽다. 접수를 부탁한 사람에게 내가 시청각장애인이니 배차되면 전화하지 말고 문자로 알리도록 요청해달라고 매번 부탁하지만 달라지는 건 없다.

나름 방법을 찾아보았다. 배차 후 전화가 오면 전화를 끊고 문자를 보냈다. 시청각장애가 있으니 문자로 보내주시면 감사하겠습니다. 문자를 받고 몇 분 뒤에 도착하는지 문자로 회신해 주는 분도 있지만, 문자를 확인하지 않고 계속 전화하는 경우가 훨씬 많다. 운전 중이라 문자를 확인하기 어려울지 모른다. 요즘은 배차 후 전화가 오면 그냥 받는다. 저쪽에서 뭐라고 하는지 전혀 들리지 않지만, 무조건 이렇게 말한다.

"안녕하세요 기사님. 청각장애가 있어서 통화가 어렵습니다. 몇 분 뒤에 도착하는지 문자로 알려주시면 감사하겠습니다."

내 말을 못 알아듣거나, 양쪽에서 동시에 말하는 바람에 제대로 전달되지 않을 수도 있으니 같은 말을 두 번 반복하고 전화를 끊는다. 그럼 곧 문자가 온다. 몇 분 뒤에 도착한다고, 도착하면 문자 보내겠다고. 이렇게 나만의 방식으로 장애인콜택시를 탈 수는 있지만, 여전히 여간 마음 졸이는 게 아니다.

그래도 나비콜에 비하면 장애인콜택시는 양반이다. 서울시에서 요금을 지원해 주는 나비콜은 장애인콜택시보다 일반택시에 가깝다. 나비콜에 등록된 장애인이 이용할 경우 요금이 할인될 뿐이다. 나비콜은 스마트폰 어플로 접수한다. 거기까지는 직접 할 수 있다. 배차되면 현재 내 위치와 배차된 택시의 위치를 지도에서 보여준다. 택시가 달려오는 경로도 확인할 수 있다. 여기까지도 좋다. 어플을 보면서 도착한 택시를 타면 혼자서도 충분히 이용할 수 있을 것 같다.

하지만 나비콜은 장애인콜택시가 아니라 일반택시처럼 생겼다. 내가 혼자서 택시를 확인하기가 쉽지 않다. 배차된 차량 종류와 차량 번호가 어플에 나타나지만, 저시력인 나는 차량 번호를 볼 수 없다. 결국 차가 많이 다니는 곳에서 혼자 나비콜을 부르면 위험하다. 나비콜 기사님들도 전화하는 경우가 많다. 몇 분 뒤에 도착한다고 알리기도 하지만, 특정 장소 앞에 있으라고 하기도 한다. 나비콜은 장애인콜택시가 아니라 기사님들도 장애 감수성이 부족한 경우가 많다. 장애인을 배려하기보다 운전자가 찾기 쉬운 장소, 주차하기 쉬운 곳으로 오라고 하는 것이다.

출발지가 집이라면 혼자 나비콜을 접수하고, 배차된 택시가 집 앞으로 오는 것을 어플로 확인할 수 있다. 운이 좋아서 기사님이 전화를 하지 않고 택시가 집 앞에 도착하면 뒤로 가서 허리를 숙여 차량 번호를 확인한다. 뒷좌석에 탄 후 목적지를 다시 한번 알려주고 좌석 시트에 몸을 깊숙이 묻을 수 있다면 완벽한 시나리오다. 하지만 전화 오는 때가 오지 않는 때보다 많다. 용건도 '몇 분 뒤에 도착한다'는 것뿐만 아니라 몇 분 더 기다려달라거나, 주소를 찾지 못하겠다는 등 다양하다. 결국 나비콜을 이용할 때는 장애인콜택시와 달리 차가 올 때까지 곁에 누군가가 있어야 한다.

페이스북에 보면 장애인콜택시가 지역마다 이용 방법이 다르고 배차에도 시간이 걸려서 이용하기 불편하다는 글을 금방 찾을 수 있다. 그런 부분은 장애인콜택시의 '보편적'인 문제일 것이다. 하지만 시청각장애가 있는 나는 전화를 받거나, 차량 번호를 확인하기도 불편하고 어렵다. 모든 장애인은 다르므로 저마다 '특수한' 문제를 겪을 것이다.

장애인콜택시 제도, 장애인에게 요금을 깎아주는 나비콜 제도가 있다는 건 너무 좋다. 하지만 장애인이 쉽게 이용할 수 없다면 제도의 취지가 반감될 것이다. 비장애인이 길가에서 택시를 잡거나 어플로 택시를 부른 뒤 자연스럽게 탑승하는 것처럼, 장애인도 장애 유형과 정도에 관계없이 자연스럽고 편하게 이용할 수 있는 것이 진정한 제도의 완성이다.

장애인을 위한
본인인증은 없다

뉴미디어 시대란다. 굳이 은행이나 주민센터를 방문하지 않아도 스마트폰으로 대부분의 업무를 해결할 수 있다. 주민등록등본 발급처럼 간단한 일은 물론 종합소득세 신고까지도 스마트폰으로 해결할 수 있다. 환상적이지만 비장애인에게나 해당되는 사항이다. 장애인, 특히 감각장애인에게는 거의 불가능한 일이다.

대표적인 예가 '본인 인증'이다. 본인 인증은 말 그대로 다른 사람이 아니라 본인임을 인증하는 것인데, 그 수단은 장애인을 전혀 고려하지 않는다. 가장 아쉬운 것이 ARS 인증과 자동입력방지 인증이다. ARS는 본인 폰으로 전화가 걸려 온다. 질문을 '듣고' 대답하면 본인임을 인증한다. 듣는 데 어려움이 있는 장애인은 어떻게 해야 할까? 손말이음센터를 통해 문자나 수어로 중계 서비스를 받거나, 누군가에게 대신 ARS를 통해 인증해달라고 부탁해야 한다.

그렇게라도 할 수 있으면 다행이다. ARS 말고 다른 본인 인증 절차는 중계 서비스나 다른 사람을 통해서도 인증할 수 없다. '본인' 인증이기 때문에 본인이 직접 질문을 듣고 대답해야 한다는 것이다. 그럼 청각장애인을 위한 본인 인증 방법을 마련해줘야 할 것 아닌가? 그런 건 없다.

자동입력방지 보안문자 입력은 시각장애인에게 도저히 넘을 수 없는 벽이다. 이름과 주민등록번호, 연락처 등 기본 인적사항이 개인 컴퓨터나 스마트폰에 저장되어 있으면 본인 인증 시 자동 입력된다. 여기까지 빠르게 진행되었다고 좋아하는 것도 잠깐, 다음 단계인 자동입력방지 보안문자에서 발목을 잡히면 그렇게 약이 오를 수 없다. 누군가 장애인을 괴롭히기 위해 일부러 마지막에 덫을 놓아둔 것 같다.

보안문자는 특정 상자 속에 씌어진 대여섯 개의 숫자로 구성된다. 그런데 '그냥' 숫자가 아니라 뭐랄까, 시각장애인에게는 정말 '복잡한' 숫자다. 깔끔한 흰색 바탕에 검은색 숫자가 씌어진 것이 아니라 색깔도 제각각이고, 숫자들이 다닥다닥 붙어 있으며, 기묘하게 일그러져 있다. 나는 보안문자가 나오면 스마트폰으로 찍은 뒤, 누군가에게 전송해 무슨 숫자인지 알려달라고 부탁해야 한다. 본인임을 인증해야 하므로 본인이 직접 해야 한다는 취지는 이해한다. 하지만 그 속에 장애인의 자리는 없다. 본인 인증 과정에서 누군가에게 부탁해야 한다면, 내가 지금 무엇을 하는지 노출하게 된다. 개인정보를 다 알려줘야 할 수도 있다.

프리랜서 시절, 종합소득세 환급 신고를 하라는 국세청 알림톡을 받았다. 알림톡에는 친절하게도 환급 신고를 위해 어떤 정보가 필요한지 모두 적혀 있었다. 이름과 주민등록번호는 물론 환급 금액까지 안내했다. 국세청 홈페이지에 들어가면 어느 사이트에 접속해서 무슨 서류를 준비하라고 알려주지만 저시력인 내게는 너무나 불편했기에, 알림톡의 친절한 안내는 그야말로 '꿀'이었다. 그 꿀은 순식간에 사라졌다. 다음 단계로 넘어가니, 절망스럽게도 ARS 본인인증이 턱 버티고 있었다.

한숨을 내쉬며 활동지원사에게 본인인증 지원을 요청했다. 국세청 알림톡을 고스란히 활동지원사에게 보여줘야 했다. 종합소득세 환급 금액은 물론, 내 주민등록번호까지 자연스럽게 노출되었다. 종합소득세 신고는 일 년간 프리랜서로 벌어들인 수익을 돌아보고 새로운 일 년을 다짐할 수 있는 시간이다. 그런데 직접 하고 싶어도 그럴 수 없는 상황이 너무 답답하고 한심하다. 장애인도 스스로 신청하고 검토할 수 있어야 한다. 개인정보와 자산에 관련된 업무라면 더욱 그렇다.

  S은행에서 저시력 시각장애인을 위한 ATM기를 선보인 적이 있다. 혼자 ATM기를 조작하려면 글자나 숫자가 잘 안 보여 적잖은 시간이 걸렸던 내겐 정말 기대되는 소식이었다. 하지만 실제로 ATM기를 접해보니 한숨만 나왔다. 저시력 시각장애인뿐만 아니라 발달장애인이나 노인도 이용할 수 있도록 쉽게 구성하려는 의도는 엿볼 수 있었지만, 색깔과 글자의 배치가 크게 아쉬웠다. 돈 찾기, 금액 선택, 명세표를 받으시겠습니까? C나 X 등의 메뉴는 알기 쉽고 보기 편하게 큼직큼직했다. 그런데 칸마다 색깔이 달라서 자세히 들여다보지 않으면 읽기 어려웠다. 예를 들어 인출 금액 선택 화면은 3만 원, 5만 원, 10만 원 등 칸마다 색깔이 다 달랐다. 저시력 시각장애인은 장애 상태에 따라 배경색과 글자색의 선호도가 다른데, 그런 점을 충분히 고려하지 않고 기계적으로 색깔을 바꿔 구성한 것이다.

  본인인증이나 금융업무처럼 중요한 절차는 누군가 대신 해주기보다 본인이 직접 하는 게 가장 안전하다. 누구나 아는 상식이다. 당연히 장애인도 스스로 할 수 있어야 한다. 종합소득세를 본인 인증도 직접 하고, ATM기에서 원하는 금액을 현금으로 직접 인출할 수 있는 날은 언제쯤 오나.

· 에필로그 ·

갈릴레오가 "현상에는 반드시 이유가 있다"고 했다. 이 책을 구성하는 이야기들은 결국 내가 시청각장애인이기 때문에 일어난 일이다. 첼로를 연주하며 겪은 다양한 사연도, 한종섭 선생님과의 인연도, 기차를 잘못 탄 사연도….

책에 넣을 원고들을 아주 많이 썼다. 편집 과정에서 아쉽게 선택받지 못한 원고를 따로 모아도 이 책 반 권 분량은 될 것이다. 사실 내가 살아온 과정이 모두 이야기라 해도 과언이 아니다. 대한민국에서 시청각장애에 대한 인식이 아직 부족해서 더 그렇지만, 잘 안 보이고 잘 안 들리면 어디 사는 누군들 별의별 일을 겪지 않겠는가?

스타벅스에서 글을 쓰다 소소한 에피소드를 떠올리며 혼자 피식 웃기도 했고, 누구에게도 이야기하지 않았던 일을 어렵게 활자로 정리한 뒤에 며칠간 술잔을 기울이기도 했다. 내 이야기인 만큼 내가 흘린 땀과 노력, 에너지, 열정과 상처, 아픔까지 내 삶을 진솔하게 담았다.

평소에 글을 쓰면서 내가 겪은 일들을 언젠가 꼭 책으로 내고 싶었다. 세상에 내 이야기를 꺼내 놓는다는 게 쉬운 일은 아니지만, 주변에 분명히 존재하는 시청각장애인도 사회의 구성원임을, 별의별 일을 겪으면서도 당당하게 살아가고 있음을 사람들에게 알리고 싶었다.

장애인식개선교육이나 장애이해교육을 법정 의무화했다지만, 한 번의 교육으로 장애에 대한 인식이 개선되기는 어렵다. 지금까지 살아온 여정을 돌아보며 한 자 한 자 진정성을 담아 쓴 내 이야기가 독자들의 장애 감수성을 조금이라도 향상시켜 주면 좋겠다.

돌이켜 보면 첼로를 배우기로 한 선택, 아니 영화 '굿바이'를 보게 된 건 진짜 일생일대의 순간이 아닐까 싶다. 최선을 다해 살면서도 뭔가 아쉬운 느낌을 지울 수 없었는데, 첼로가 그곳을 완벽하게 채워주었기 때문이다.

이번 책에 선택받지 못한 원고들도 언젠가는 세상에 나

올 수 있다면 좋겠다. 그때쯤엔 시청각장애인으로 살아가며 겪은 또 다른 이야기도 들려줄 수 있으리라.

  그때를 기약하며 청년은 오늘도 연주자의 심장에 가장 가까이 닿은 악기, 첼로를 연주한다.

· 감사의 말 ·

 이 책을 쓰면서 살아온 시간들을 돌아보았다. 시청각장애로 힘든 상황에서 어찌 할 바를 모르고 방황도 많이 했지만, 이렇게 책으로 묶어 낼 정도로 풍성한 경험을 쌓았다.
 나도 힘 닿는 대로 도전하고 시도하고 노력했지만, 주변의 도움이 없었다면 결코 여기까지 오지 못했을 것이다. 책을 쓰면서 떠오르는 사람이 많았다. 상처를 준 사람도 있지만, 고마운 분이 훨씬 많다. 일일이 언급할 수 없을 정도로 많은 분의 도움으로 살아왔다고 해도 과언이 아니다. 하지만 이 책이 나오기까지 특별히 언급하고 싶은 분들이 있다.
 아버지, 어머니, 동생, 원고를 한 권의 책으로 멋지게 기획·구성해주신 강병철 선생님, 꿈꿀자유 출판사 양현숙 편집장님과 관계자 여러분, 생애 첫 연주회의 잊지 못할 장면을 사진으로 담아주신 이관석 이담사진실 대표님, '치고 들어가기 어려워서' 고생 많았던 박사과정을 무사히 수료하도록 지도해주신 이동석 교수님, 장애인식개선교육 강사로 첫 발을 디딜 기회를 주신 이기동 장로님, 취재 소스가 필요할 때 언제든지 아이디어를 제공해주시는 오솔길 밀알복지재단 홍보실 대리님, 〈함께걸음〉 이후 다시 기자로 일할 기회를 주신 조성민 더인디고 대표님.

그리고 여기 언급하지 않았지만 항상 나를 응원해주시는 모든 분께 감사의 마음을 전한다. 무엇보다도 기사든 칼럼이든 SNS에 올리는 내 글을 빠짐없이 읽어 주시는 독자들 덕분에 용기를 내어 책을 쓸 수 있었다. 또한 대한민국에서 시청각장애인에 대해 알리고 활동하시는 모든 분들께도 꼭 감사의 마음을 전하고 싶다.

청년은 오늘도 첼로를 연주합니다

초판 1쇄 발행 2024년 5월 1일

지은이 박관찬
발행인 원경란
기획 강병철
편집 양현숙
디자인 신병근, 선주리

펴낸곳 꿈꿀자유 서울의학서적
주소 제주특별자치도 제주시 국기로 14 105-203
전화 010-5715-1155(편집부), 070-8226-1678(마케팅부)
팩스 0505-302-1678
이메일 smbookpub@gmail.com
등록 2012.05.01 제2012-000016호

ⓒ 박관찬 2024
ISBN 979-11-87313-68-7 03810

- 이 책은 꿈꿀자유 서울의학서적이 저작권자와의 계약에 따라 발행한 것이므로 출판사의 서면 허락 없이는 어떠한 형태나 수단으로도 이 책의 내용을 이용할 수 없습니다.
- 잘못된 책은 구입하신 서점에서 바꾸어 드립니다.
- 값은 표지에 있습니다.